U0015056

日本國家導遊精選

必買伴手禮139種

日本國家導遊（通訳案内士）
豊嶋 操

江卉星 譯

前言

我小時候最喜歡的電視節目，就是兼高かおる（Kaoru）小姐的世界旅遊節目。每週，我只在她節目播出的週末才能早起。經過相當長（！）的一段時間後，我在日本開始做起為外國觀光客介紹、導覽的工作。

我很喜歡北歐，經常去北歐旅行，隨著旅遊的次數漸多，我開始想讓北歐國家的人們也來了解我的國家。我的運氣很好，受到那些國家的許多人幫忙，開始了這份工作。也因此，現在我導覽工作的客戶大多是來自北歐。

通譯導遊這份工作，直接活用了我身為旅人時的經驗，是一份非常有趣的工作。除了不想忘記過去在旅程中感受到「我就是想看看這樣的地方！跟這些人聊天實在令人開心！」這樣的心情，也想將這樣的心情反映在歡迎客戶之上。

我自己在出門旅行的時候，一定會買個「能令人回想起這趟旅行」的某種東西。而那稱為「伴手禮」的東西非常不可思議，除了它本身具有的價值之外，同時它也具有時光機器般的切換功能，無論是買給自己，還是送給別人，都可以在見到的瞬間回想起那個地方、那個時候的心情，真是了不起啊。

我作為通譯導遊，總是在內心計畫著如何讓造訪日本的客人，盡量能帶著令他們印象深刻的日本伴手禮回家。本書介紹的是無論在私人場合或公領域接待客戶都有機會用得上的伴手禮，以導遊的角度、經驗所選出的實例，以及曾經發生的有趣故事。其中會有令人覺得「哇～沒想到會出現這種反應……」的故事，敬請期待。

由於我的活動據點在東京，所以尋找伴手禮的地點也多以東京都為中心，但我認為每一塊土地都各自有它獨特的物品。本書介紹的各個品項，若有其中之一能讓你覺得可供參考，就是我的榮幸。

那麼，我們該出發尋找接下來即將邂逅的各種伴手禮了。

＊本書刊載的內容、情報，皆為2018年3月當時的情況，可能會有所變動，還請讀者諒解。

＊書中刊載的商品標價皆為稅前價格，但部分標記「含稅」者，即為含稅價無誤。

目錄

前言 Introduction 002

序章 伴手禮的選擇方法 Tips for choosing OMIYAGE 006

1章 最受歡迎的伴手禮 Popular gifts 009

2章 有創意的伴手禮 Great ideas for repeaters 037

意外受到歡迎 Unexpectedly popular gifts 083

生活雜貨與食品篇 Utensils and foods 084

藥妝店篇 Drugstore 088

番外篇 Extra ideas 092

3章 走吧！去尋找伴手禮！ Let's go OMIYAGE hunting 097

骨董市集 Antique markets 098

地方特產店 Shops from other regions 100

卡通角色商品專賣店 Character goods shops 102

應急土產店 Shops with excellent gifts 104

店鋪情報 Shop Information 112

結語 Afterword 119

Column

日本的超級包裝術 096

訪問超喜歡日本的人們 My favorite OMIYAGE 108

買來當伴手禮要小心的風險商品 110

伴手禮的選擇方法

Tips for choosing OMIYAGE

之1 好的伴手禮究竟是什麼？

當我思考該送什麼樣的禮物給即將造訪日本的外國朋友或客戶時，就會想到「好的伴手禮究竟是什麼？」這個問題。而答案無非就是那個人「想要的東西」，或者是「想帶回家的東西」。

身為一個導遊，就算客戶只是小聲悄悄地說「想要買這樣這樣的東西……」，只要聽見了，我「無論如何都想找到它」的開關就會被打開，尋找伴手禮的熱情之火也會熊熊燃燒起來。

為了準確地找到對方想要的東西，首先得要調查。若已知具體是什麼商品就完全沒問題了，但若缺乏相關情報時，就單刀直入地去詢問吧。如果他想買的商品輪廓還是很模糊，那麼問問他的興趣以及感興趣的東西，便能大致掌握到伴手禮的整體印象為何。比如說，有一位男性平常的興趣是下廚做菜，如果他說「想找可以常用的東西」……那就是廚刀了吧。而且若是能當場雕刻上自己名字的刀，其紀念程度更是無與倫比，每天做菜時都會想起旅行的回憶。

如果是我，首先會思考如果自己是那位客人的話，收到什麼東西會感到高興，想像他回國之後，會怎樣使用這個禮物。然後發揮想像力，列出幾個選項，再從中挑出一個看起來最能博得他歡心的東西。

之2　先分析你的送禮對象吧

想要找到令人感到「這正是我想要的！」喜悅的伴手禮，應該從何處開始著手呢？

首先在你腦中浮現的，應該是對方是個什麼樣的人。是大人還是小孩？男性或是女性？是公務

上還是私交上的朋友？像這樣，這就跟日本人之間禮尚往來的情況沒有兩樣。而當對方是從外國來的訪客，就要加以考慮對方是第一次來日本，還是來過日本很多次了。如果是第一次訪日的旅客，就應該要重視這件禮物能否喚起對方旅行的回憶，換句話說，還是常見的伴手禮比較好。另一方面，如果是來過日本的常客，選擇有趣的東西，比較能讓對方開心。

接下來，我們就出發去買伴手禮吧。但這裡有幾點事項希望你能記住：如果買的是食品，就要注意保存期限和過敏資訊。你要送伴手禮的對象，什麼時候要離開日本呢？該不會當他回國，打開包裝，發現東西居然發霉了吧！……這樣就太可惜了。另一方面，如果可以的話，事先問清楚對方是否對某些食物過敏，或是否有不吃某種食物的習慣，這很重要。大多數食品都含有小麥、乳製品或雞蛋等成分，對方若曾有過敏反應就需要注意。

另一個要注意的，就是伴手禮的重量跟尺寸。收到伴手禮的客人，都得帶著它長途跋涉。外國來的客人，跟有買伴手禮習慣的日本遊客不同，很少人會事先在行李箱預留放伴手禮的空間（來日本爆買的遊客暫且不提）。此外，除了坐頭等艙來日本的旅客，沉重又佔空間的物品會為他們帶來麻煩。在贈送有份量或必須包滿緩衝材料的易碎物品之前，先問問對方的意願比較好。旅行原本就令人疲累，為了不讓對方累上加累，贈送貼心伴手禮時必須注意到這點。

EPISODES OF

OMIYAGE

For Your Best Choice

1章

最受歡迎的伴手禮

Popular gifts

NO. 001

|

NO. 036

推薦給初次來日的旅客
「絕不能錯過」的伴手禮！
這些東西之所以大受歡迎，
背後有著各式各樣的理由。

底部看得到富士山的玻璃杯

5,000日圓

Glass with Mt. Fuji cutout at the bottom

Enjoy views of Mt. Fuji from various angles. Drinks and lighting give different expressions to the mountain at the bottom of the glass.

在日本的伴手禮中，富士山恐怕是最廣為使用的形象標誌。坐新幹線時往關西方向，途經富士市附近，很多觀光客都會貼在車廂右側窗戶觀看富士山，它就是這麼受歡迎。特別對於花了八個小時登山，有沐浴在御來光（譯註）下經驗的人來說，富士山更是一種特別的存在。這個取其靈驗氣氛的玻璃杯，送給「想要把整座山都帶回家！」的富士山狂熱者作為伴手禮正合適。杯底立體雕刻出的富士山形態，即使不將液體注入杯子就已經很美了，過去要坐飛機從空中經過才能看到的景色，現在在手掌上就能夠看到！試著把水倒入杯中……原來是散發著神聖氣息的富士山；接下來試著倒入烏龍茶……底部居然出現了赤富士！倒入顏色鮮艷的茶類，就能重現富士朝霞的一景。看到這個，恐怕描繪出「凱風快晴」名畫的葛飾北齋大師也會說「好想要！」吧。雖然我沒試過，但如果在杯中倒入綠色蘇打水或蔓越莓果汁，也許能誕生出廣為日本人所知的「綠富士」或者「紫富士」也不一定。

譯註：只有在富士山頂才能看到的日出七彩光環，據傳是如來佛祖所傳之信息，因此沐浴在光輝之中代表被賜與無上的福氣。

NO.

002

江戶切子玻璃杯

左15,000日圓
右16,000日圓

Edo Kiriko cut glassware

Glass cut with exquisite patterns is designated as a Traditional Craft of Tokyo.

Oh!

若把江戶切子作為禮物送人，收到的人在打開包裝的瞬間，必定會「Oh！」地叫出聲來。這是個只要見到它刻畫的細緻紋路，便可以將對方表現出「喜愛」的模樣盡收眼底的伴手禮。這個當年曾進獻給乘著黑船而來的培理（Matthew Perry）的江戶切子，雖價格上有點昂貴，但若思及其正統的歷史緣由，便是理所應當的。既然它同時是日本國及東京都的指定傳統工藝品，不僅代表它是國產品，同時也必須是手工藝品。購買時沒有好好確認清楚，標著切子之名實際上是外國進口貨的詐騙時有所聞。由於其價格從數千日幣到數萬元日幣都有，雖然經常被認為是誰都能送出手的東西，但如果想在送禮上一決勝負，我想江戶切子也能發揮得很好。順帶一提，過去曾有一個男性客戶，想要向母國的女性表達思念，砸下重金買了一對雕刻著細緻矢來（譯註）花紋，放在桐木箱中的玻璃對杯。但就算不做到這種地步，選擇以紅色或藍色為底，小小的清酒酒杯之類的商品，也能帶來特別感，我認為算得上是貼心的伴手禮。但是在運送上的相關準備，請盡可能萬全周到。

譯註：矢來是江戶切子專用的一種雕刻紋樣名稱，形狀源自模仿竹木籬笆的編織模樣。

NO.
003

和紙茶筒

450日圓
（含稅・100g/罐）

Tea canisters decorated with Japanese paper

Why not store your green tea in a canister decorated with Japanese paper? Of course you can use one to hold candy and other items.

很多人在來日本之前就很喜歡喝日本茶，來到日本便抓緊機會蒐購茶葉，但很少人會在一開始就把保存茶葉的容器放入購買清單之中。送禮時直接將袋裝的茶葉交給對方，當然也是可以，但如果附帶送上以和紙裝飾的茶筒，肯定會大幅提升對方的好感度。實際上，去茶店買茶，很多地方都會放置和紙茶筒，當它們映入客人眼簾時就麻煩了。因為大一點的店家不但會有各種大小的茶罐，花色也有二、三十種，客人們一旦開始選購就停不下來……不只是一定會有的「櫻花」、「梅花」等花紋很受歡迎，也常見客人購買在室內設計領域廣為人知的「箭羽紋」、「麻葉紋」等傳統花色。還有人硬是拜託店家把店內展示用的，直徑20公分左右的巨大茶筒賣給他。後來我問他買了這個要做什麼？他回答是用來放編織用的毛線等等，嗯，也是有這樣的用法呢。這個茶筒不但能作為擺飾，使用方法上也很自由，並且輕巧好拿又方便，我認為真可以說是伴手禮中的優等生了。

NO.

004

櫻花形狀的茶杯

700日圓
（含稅）

Tea cup in the shape of a cherry blossom

Pour tea into this cup and
you can enjoy the shape of
a cherry blossom all year round.

在選購茶葉作為伴手禮時，我經常連同茶杯一起購買，這樣一整套特別送給來日本度蜜月或者慶祝紀念日的客人。如要選擇能成為旅途回憶的茶杯，無論是益子燒、織部燒、信樂燒、有田燒等日本各地的名窯都很好，但我推薦送這個純白色櫻花形狀的茶杯，不失為經濟實惠的伴手禮選擇。若將綠茶泡濃一點倒入杯中，便會出現綠色的櫻花。也可將醃漬的櫻花一起送給對方（但需要事先說明使用方法），這樣便可以享受雙倍的日本氣氛，你覺得如何呢？

NO.

005

急須茶壺

6,800日圓
（含稅）

Teapots (kyusu)

Serve green tea
in a Japanese teapot with a grip.
Delightful souvenir
for pottery lovers.

說到泡茶，不熟悉亞洲茶文化的人似乎都覺得日本茶用一般泡紅茶的茶壺來泡就好了。當然這樣也是可以，不過我在這裡推薦使用能夠穩握手把、按住蓋子，優雅泡茶的日本茶壺── 急須，會更有樂趣。它不但可作為窯燒陶器欣賞，應該還能從眼睛和舌頭兩個方面喚起旅遊的回憶。隨著窯燒陶器的種類增加，現在也出現了手把在另一側、設計給左撇子使用的急須。我想你一定能找到最適合自己使用方式的商品。

筷子

各種
1,500～3,000日圓

Chopsticks (hashi)

Chopsticks are a symbol of Japanese food culture and come in a wide variety including those from places famous for lacquerware (as Yamanaka and Wajima) as well as those made from diverse materials including bamboo.

也有可以截半方便攜帶的類型！

輕巧又便於攜帶的筷子，是非常受歡迎的伴手禮。因為有許多顏色跟素材，很值得細細選購，但猶豫不決起來更是沒有盡頭。伴隨著國外和食越來越普遍，最近很多客人都已經習慣使用筷子了。對於不習慣吃和食的客人，我覺得選購設計給小孩子使用的，附有指圈的筷子也不錯。難得客人想要用筷子，所以我會附帶告訴他們尖端細的筷子夾東西比較好用，以及要避免把筷子直直地插在食物上面、不要用筷子移動器皿、舔舐筷子尖端……等使用上的禁忌事項。有時候，有人會在盛滿如山的飯碗上，直接垂直插入兩支筷子，當我提醒：「在日本，供奉亡者時才會這麼做。」對方卻擅自將其幽默稱為「殭屍STYLE」。不過，我還是會告訴他們，這是不恰當的筷子使用方式。另外關於贈送筷子，還有一點要注意的是，因為大多都會被問到「這是用什麼木材做的？」，因此我建議可以事先調查一下樹木的名稱。（順帶一提，黑檀木的英文是ebony，櫸木的英文是zelkova。）

NO.
007

筷架

各種
700～1,000日圓

Chopstick rests

These rests catch your eye every time you put your chopsticks down. They come in infinite designs and shapes. You might like to choose some for each season.

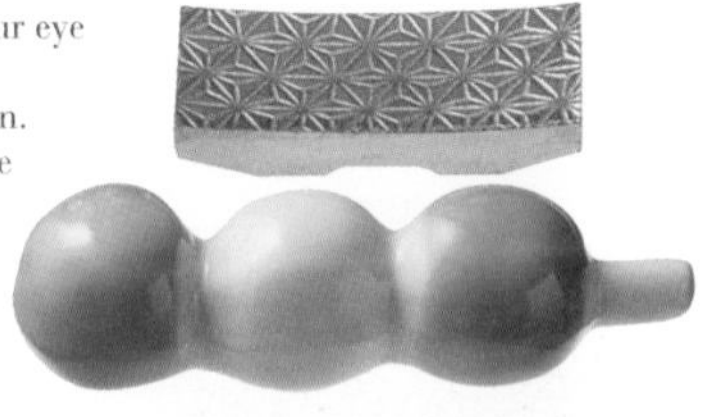

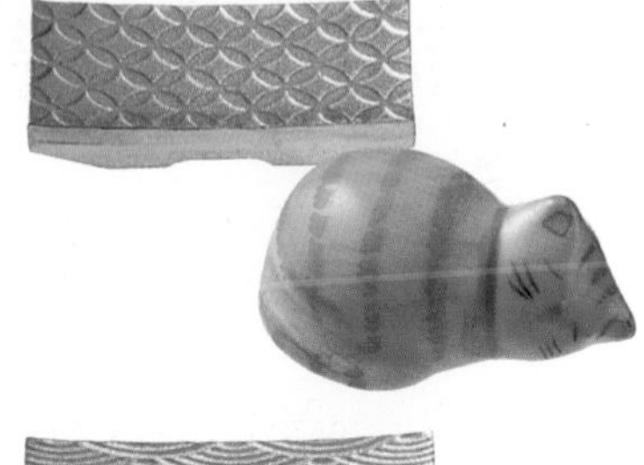

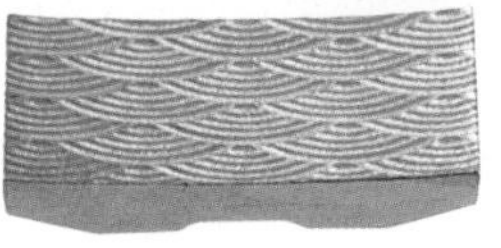

買筷子的時候連同筷架一起購買，再整組贈送給對方是一個很好的點子。難得人家要把筷子帶回自己的國家使用，結果吃飯時筷子只能貼在桌面上放，實在令人有點過意不去，就算是放在餐用刀叉架上也不合適。這時候，還是要用筷架比較好，吃飯的時候看到，也能回想起日本的回憶。逛逛筷子店裡的筷架區，有以四季花卉為主題設計的樣式，以及能成為室內擺設之一的時尚樣式，或者是像烤糰子串一樣引人垂涎欲滴的，有各式各樣可供人選擇。如果要送給一家人，還可以直接選購放在漂亮箱子裡、五個一組的套組，價格經濟又令人開心。小貓或小鳥之類的動物系列也很受歡迎，但有時候挑了自己喜歡的送人，對方卻說：「其實小時候我曾經被狗咬過，從此之後就很怕狗。」內心反而受到打擊……。因此挑選動物系列時，建議要在事前好好調查一下對方的喜好才是。

漆器碗

7,600日圓
（含稅）

Lacquered bowls

Lacquered bowls for serving soups can be used as a container for anything.
Bowls with lids offer the excitement of discovering what is inside.

漆器的英文就是「japan」，如它的名字所示，是令人驕傲而受到歡迎的正統日本伴手禮。漆器乍看會讓人覺得「好像很貴」、「好像很難照顧」，令人不禁生疑：這樣帶回去真的會拿來用嗎？但事實上收到的人似乎已分成了「常常拿來使用」以及「拿來裝飾用」兩派。漆器之中，有各種盤子盆子種類豐富，但最通俗的選擇就是碗了。在日本，說到碗大家都會想到要拿來裝湯湯水水，但我問我的客人：「你打算拿來裝什麼？」得到的是水果、porridge（燕麥粥）等各種答案。我還曾經被問過「這個可以裝咖啡喝嗎？」這般不知該如何回答的問題，後來我便準備了這個答案：「可以是可以，但選擇沒有蓋子的比較好喔。」過去買過最貴的漆器，是用在新年喝屠蘇酒的套組。原本以為在國外都是盛大地慶祝聖誕節，元旦大概是簡簡單單度過，應該用不太到吧……但沒想到對他們來說果然跟季節無關，這東西一年四季都能擺在客廳中做裝飾。無論如何，說到對日本的印象，漆器類絕對是最受到好評的伴手禮代表。

NO.
009

筷套

2,600日圓
（只有筷套，不含筷子）

Chopstick holders

Take your own pair of chopsticks with you in these holders. They come in various forms like cases and pouches.

我的客人很少會同時選購筷子、筷架、筷套，經過詢問，對他們來說用筷套裝著自己的筷子出門吃飯，似乎是很新奇的事情。有時還會被反問：「紙製的套子（衛生筷套）不行嗎？」但當我回答「這樣比較好用，而且對環境比較好」之後，對方便會覺得「原來如此，這樣的話我也想要試試看。」於是筷套就成了帶人認識日本飲食文化的好伴手禮。其中最受歡迎的是細長簡潔的款式，偶～～爾～～有人會把它當作筆袋來用……嗯，也是可以啦。

NO.
010

牙籤

700日圓

Toothpicks

These picks often seen at restaurants are used to secretly take care of your teeth.

牙籤在外國餐廳裡很少見，雖說在公眾場合剔牙不太有禮貌，但只要日本的餐廳桌上有擺放，就會有客人使用，可見有牙籤應該是很便利的事。（但原則上，剔牙還是要遮一下啦。）再者，日本有用來收納牙籤的專用盒，在車站買便當時、衛生筷的袋子裡也會默默地放入一根牙籤，使用牙籤可能是日本的獨特文化。可以考慮將放在桐木箱中，柳木製的高級牙籤送給對方，並試著以「飯後修飾儀容的日本文化」來介紹這項伴手禮，效果應該很不錯。

NO.

011

摺扇

左1,300日圓
右3,000日圓

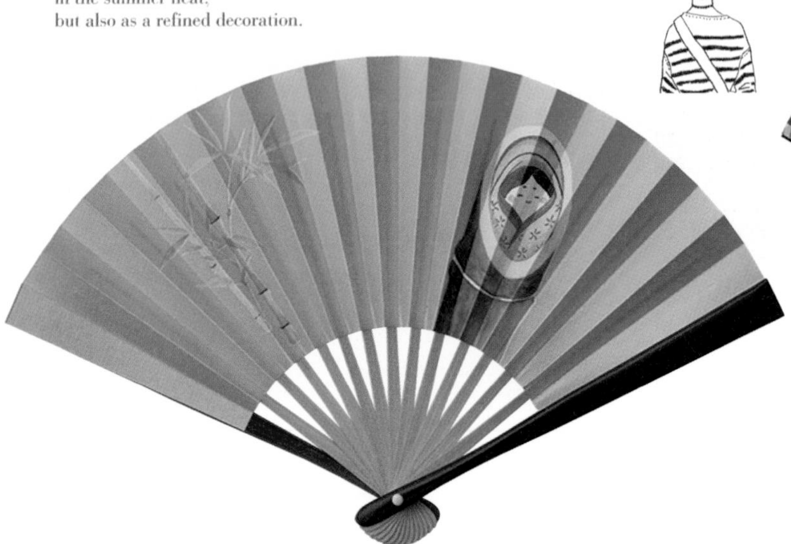

Folding fans (sensu)

Beautiful folding fans can be used
not only for creating a breeze
in the summer heat,
but also as a refined decoration.

炎熱的日本夏天裡，不可或缺的兩大物品，其中之一就是摺扇。當外國觀光客進入同時陳列著摺扇及團扇的店家中，似乎買摺扇的人會比團扇多一點。當我詢問其原因，得到的答案是因為摺扇可以摺起來比較好收藏，這真是讓人大為贊同的答案。有些訪日次數較多、更了解日本文化的客人會說：「摺扇不僅是用來搧風的，穿和服的時候也要拿在手上吧？我曾經看過日本舞表演的時候使用它！」甚至有人會說：「這個是用來遮住嘴巴的吧？日本女孩子笑的時候都不是用手遮住嘴巴，而是用扇子來遮。」嗯～觀察真是敏銳。雖然在遙遠的過去，摺扇曾經是那須與一弓箭的標的（譯註），後來變成落語和茶道中不可或缺的小道具；由於泛用性高，是一般人也愛用的便利物品。摺扇的形象曾作為奧林匹克標誌候補，可說是日本代表性的象徵，因此也是受歡迎程度位列前茅的伴手禮選擇。到扇子店裡選購時，在商場上送禮的場合，可選擇畫了風神雷神，或者舞妓的和風圖案折扇；若是送給個人使用，無論是幾何花紋或純色簡潔的樣式皆可，就任君挑選了。

譯註：相傳源平合戰時，平氏在海、源氏在陸兩軍對峙，平氏派遣美女登小船划出，載歌載舞挑釁對方；源義經便派那須與一騎馬入海，用弓箭準確射下美女手中的扇子，蔚為佳話。

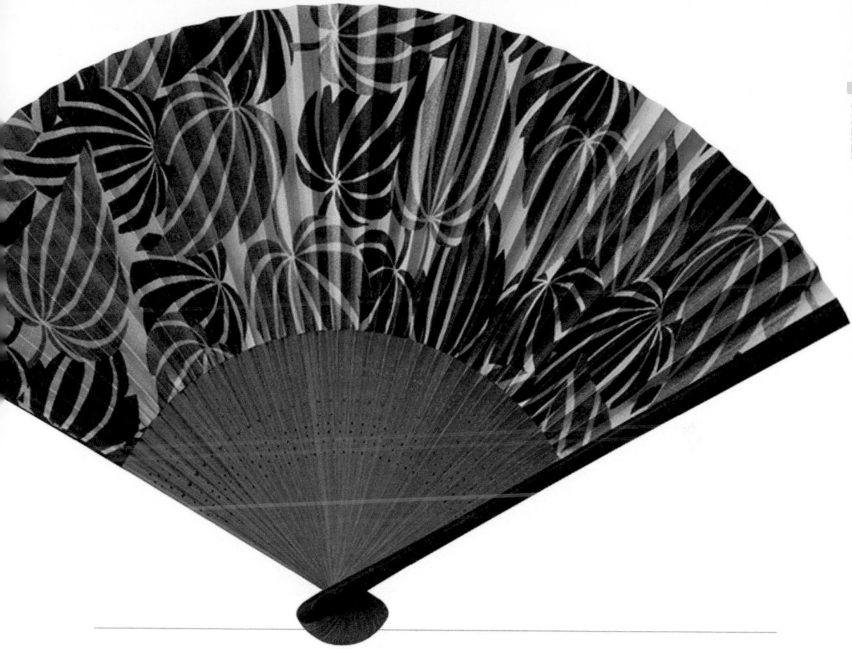

NO.
012

團扇

由左至右3,800日圓、2,300日圓、1,400日圓
（皆含稅）

Round fans (uchiwa)

Send a breeze to places
without air-conditioning
in the summer heat.
Can also be used as an ornament.

夏天時跟客人走在路上，經常會拿到路上派發的塑膠團扇，客人常說「這不錯耶！（而且免費）」。在專賣鰻魚飯的餐廳裡，客人看到廚師用團扇啪噠啪噠地搧著備長炭產生的煙，也會說「這也不錯欸！」而到了京都，還有人會說：「我想要買那個寫著日文的扇子……。」就是用紅墨寫著舞妓名字的那種團扇。此時作為代替，我會推薦他們購買用和紙或浴衣布料做成的華麗團扇。送給對方的時候，一併叮嚀：「但是，不要像鰻魚飯的店家烤鰻魚那樣，啪噠啪噠地猛搧喔！」

NO.

013

和服腰帶

2,000～5,000日圓
（參考價格）

Kimono sash (obi)

Obi is the sash worn with a kimono. As a long piece of artwork it can be used to adorn a table or other furniture. Or look at it as fabric which can be remade into fancy outfits and other items.

Gorgeous!

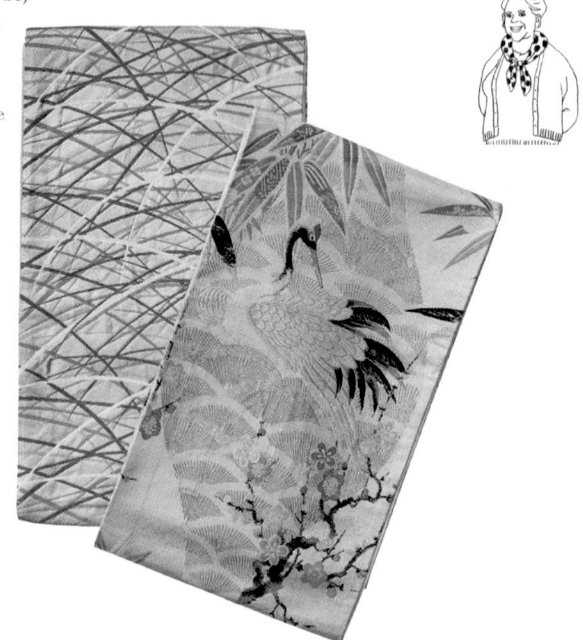

「雖然想買一整套的和服以及和服腰帶，但實際上買回家後自己也不會穿……。」會這麼想的客人，接下來會考慮只買腰帶，返家後再活用於其他地方這個選擇。有人活用帶子的長度，將它放在餐桌的中央，作為桌旗；也有把它做成包包、衣服的改造派。有用金絲點綴的豪華腰帶，也有幾何圖案構成的摩登腰帶，款式多變。只是，若是透過二手商品管道購買，實際上會買到什麼樣的款式，就要看當下的運氣了。顏色鮮艷引人注目的花色比較搶手，如果有計畫買來當禮物送人，建議提早開始尋找。心裡一邊想著送禮對象的氣質一邊尋找，當找到合適圖案時，就會覺得「太棒了！」。順帶一提，腰帶長度皆在4公尺左右，我以前也想模仿客人把和服腰帶像紅毯一樣鋪在餐桌上，當我一口氣抖開腰帶……卻發現桌子的長度太短，腰帶的兩端都會碰到地板。把和服腰帶拿來當桌旗是個好點子沒錯，但在此之前我家得先換一張餐桌才行。

NO.
014

和服

4,000日圓

Kimono

New silk kimonos are very expensive, but second hand kimonos are offered at reasonable prices.
You will also need to get obi, underwear and other items if you want to wear a kimono.

很多客人都把和服視為一定要買到的特別伴手禮。觀光景點經常看到在背上或袖子上出現龍的刺繡、或是用會反光的緞面布料做成的「仿造品」。但話說回來，如果不想妥協，想選擇用正絹製成的新品，若沒有數萬日幣是買不到的，所以我會帶客人去逛二手和服店作為替代方案。雖然不太可能有振袖（譯註）款式，但是到二手和服店至少可以買到簡單的花色，或者款式有點舊但立刻就能直接拿來穿的一套和服。平日就先去二手和服店逛逛的話，會安心很多。

譯註：未婚女性穿的長袖和服。

NO.
015

浴衣

2,000日圓

Yukata

Cotton kimono worn after taking a bath and in summer.
Traditional yukata have designs combining white and blue which give a cooling impression.

很多客人第一次穿浴衣的體驗都來自在日本旅館或飯店住宿，因為喜歡穿浴衣的感覺，經常會對我說：「我想要買浴衣。」但實際上到一般店面去找的時候，會發現浴衣是個很麻煩的品項。我之所以會這麼說，是因為市面上很多都不是made in Japan，我經常有心想「喔喔，終於找到像浴衣的花色了！」看了標籤卻大失所望的經驗。比起在觀光景點或者土產店尋找，不如在一般商店街的服飾店或和服裝束小物店之類的地方找，比較有可能找到「正統」一點的商品，因此平日就要經常前往逛逛。

NO.
016

和紙或千代紙小物

六角菱形紙盒1,800日圓

Japanese paper (washi) and paper products

Enjoy the gentle texture and beautiful traditional patterns of Japanese paper and items for practical use made from them.

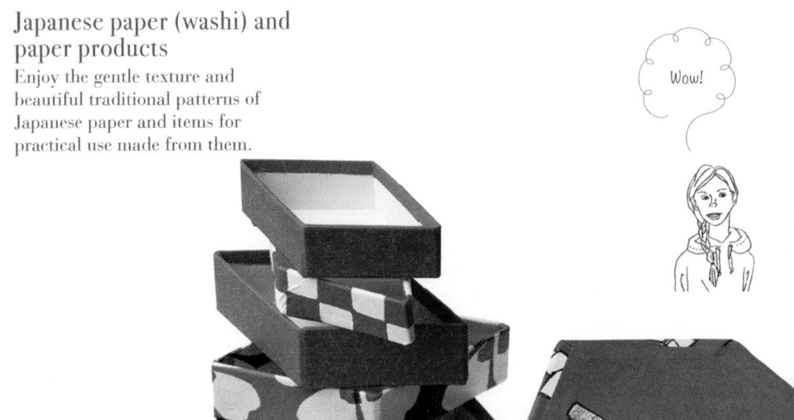

盒子裡還能裝進
更小的盒子。

在外國客人之間，和紙的辨識度很高。當我告訴他們，和紙顏色依照地方不同、而有各種顏色與種類之後，有人會想把喜歡的和紙帶回家，有人會要求希望能親身參與製紙……提出各式各樣的要求。店裡賣的和紙和自己做出來的和紙，明明材料一樣，成品卻有差異，是其魅力所在。實際上也有客人造訪和食餐廳後，了解到和紙因為具有適當的透光性質，多用於製作照明或隔間紙門上，便一不作二不休買了體積有點大的和紙燈罩回家（畢竟不可能買紙拉門回去）。此外，選購七彩繽紛的千代紙，或是千代紙做成的小東西來當作伴手禮，是再合適不過的了。不知是否因為能輕鬆享受每天使用的樂趣，所以筆記本或小紙盒比較受歡迎，其中我覺得最受歡迎的是可以一層套一層的小盒子。這就像俄羅斯娃娃的紙箱版，六角形的盒子打開來，裡面有各種不同花色的小盒子，拿出來一個、裡面還有一個……雖然見到對方喜歡這個禮物很令人高興，但我總要不停地解釋：「呃……這個花紋叫青海波（曾經被問過這是不是Wi-Fi的符號），接下來是龜甲紋……」有時候真會覺得很累啊。

NO.
017

浮世繪複製畫・明信片

複製畫13,000日圓・明信片各100日圓

Reproductions and postcards of woodblock prints

Ukiyoe prints offer a glimpse into Japanese scenery in the Edo period. They are very popular and exhibitions are held around the world.

梵谷也臨摹過的浮世繪，在國外的美術館也會辦主題展覽，因此具有一定的人氣。在原宿的太田紀念美術館，有原創的浮世繪明信片，也有ADACHI版畫研究所製作的複製畫，最適合想在回國之後鑑賞浮世繪的人。以明信片而言，「神奈川衝浪裏」、「凱風快晴」、「龜戶梅屋敷」、「大橋安宅驟雨」等具有代表性的作品一應俱全，完全就是針對伴手禮的需求而陳列出來的。複製畫的價格也很平易近人，所以最令人煩惱的莫過於這個也想要、那個也想要的猶豫心理。

NO.
018

御守

價格依各神社有所不同

Omamori

Omamori are amulets sold at temples and shrines.
What will you wish for?
Good health, a good match, or good business?

我想很多人來日本，應該至少都拜訪過一次神社吧。歷經投不進賽錢、多拍一次手等混亂的過程終於完成參拜後，大多數人都會走向御守販賣處。御守穩定受到歡迎的秘密，在於它用漂亮的布料做成剛好能放進口袋的大小。每個神社都有各自不同的御守，讀得懂漢字的客人就知道什麼是「合格祈願」，什麼是「商売繁盛」。但我曾有一對客戶，夫婦中的先生在我不在時跑去買了御守，之後才知道他買的「良緣祈願」是什麼意思；太太則成熟地說道：「這真是太好了呢。（賊笑）」

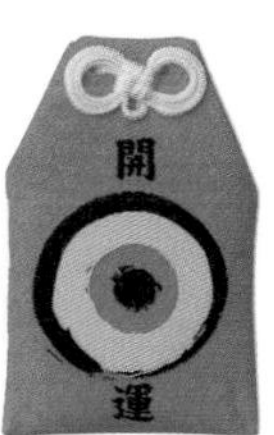

NO.
019

風呂敷（包袱巾）

1,800日圓

Wrapping cloth (furoshiki)

These square cloths have been used to wrap gifts and have served as a substitute for bags from the old days.

日本有無論什麼東西都能包起來的文化，至於直接拿「用來包東西的東西」送人，也許還滿有趣的。因為坊間曾出版風呂敷包法的外文書，若將書跟風呂敷一起送給對方，對方應該會很開心吧。就算是瓶子（而且還可以一次兩瓶）都能簡單包起來攜帶，令人驚訝。曾有客人對我說：「買這個不佔空間，所以可以買很多配合季節的花色來使用。」的確就如他所說，「配合季節」正是選購日本伴手禮的大重點！另外風呂敷如果加上專用提帶來使用，馬上就能變成手提包喔。

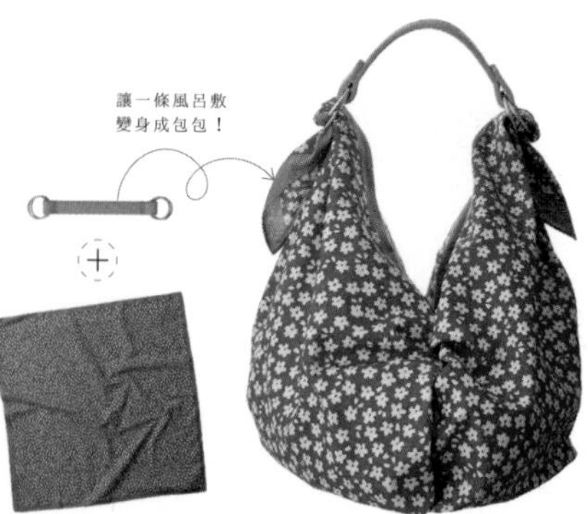

NO.
020

忍者服裝

大人用5,180日圓、兒童用4,320日圓
（皆為含稅價）

Ninja costume

Costumes for kids and adults who want to become Ninja spies. Sizes are available for the whole family.

對小朋友來說，日本的三大伴手禮就是——忍者、POKEMON（精靈寶可夢）和龍貓。其中忍者大受男孩子歡迎，以前這類服飾本來只在萬聖節之際才買得到，近來不但一年四季都有賣，而且各種孩童尺寸一應俱全，小朋友再也不用穿著過大的忍者服行動困難了。有時候看到小孩子有，大人也會想要，但經常是身高很高的大人對我說：「我也想要一件自己穿的。」不過真的很難買，只能請他「忍」一下了。

NO.
021

手巾

各種
1,080～2,800日圓
（皆為含稅價）

Japanese hand towels (tenugui)

Long thin cotton cloths can be used to
wipe your hands and body,
as a head band or head cover at festivals,
and in many other ways.

Beautiful!

General goods

對日本人來說，手巾的用途就是拿來擦手或身體，用久了、褪色了，便當成抹布來用，不太會去深入思考關於它的事情。其實手巾是可以追溯至奈良時代，有歷史的生活用品。手巾是用裁製和服所剩的布料做成的，有容易晾乾的優點。如果你覺得「連縫邊都不收，這樣好嗎？」要知道它背後是有這麼做的理由的。我的客人們收到手巾，大多會特地把它裱起來裝飾在房間裡。的確，手巾專門店有許多能視為畫作欣賞的商品，比如以對應季節的植物、煙火、門松為主題，描繪時節風景的浮世繪等等。造訪日本很多次，或曾經參加祭典扛過神轎的人，就知道手巾在祭典時是用來綁在額頭上的必需品。但有時候，經常有人會把手巾跟「褌」（兜檔布）搞混：「啊～就是日本人的內褲對吧？」所以我會先告訴他們：「要拿來當內褲也可以，但是要小心它沒辦法全部都包住喔。」手巾不但兼具實用性、觀賞性，而且因為不佔空間，是個在緊急情況下也能派上用場的物品。混合各種花色當成禮物送人，也是一種樂趣。

NO. 022

風鈴

金色4,600日圓
銀色5,000日圓

Wind bells (furin)

Wind chimes ring to the subtlest breeze making us feel cooler in the summer heat. Furin of modern designs are popular as an interior ornament.

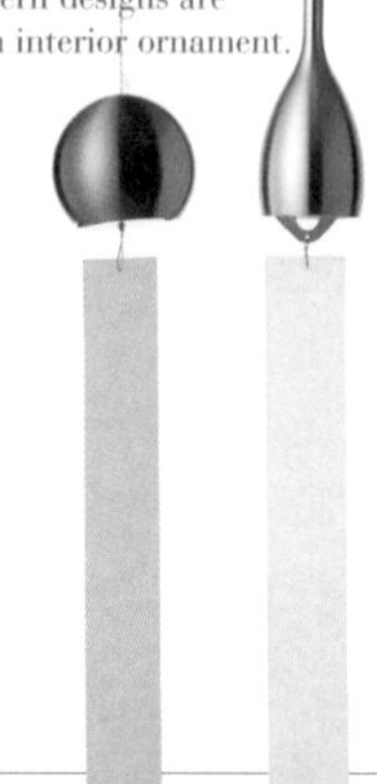

雖然在國外也有「window bell」的存在，不過大部分都是當作玄關的門鈴使用。只有風鈴才能透過風吹過而鳴響的聲音，帶來季節感。玻璃製的江戶風鈴，由它演奏出的聲音帶出夏日清涼很棒；但金屬製的風鈴敲出的冷冷音色，也令人無法割捨。只是從運輸的角度以及外國家庭裝潢的搭配程度而言，贈送外型摩登而簡單的風鈴，會比較令對方開心。對於不小心在暑氣蒸騰的盛夏造訪日本的客人，這是期盼他能將風鈴清涼的音色帶回家享受，期盼能增加一些美好回憶的一點小小心意。

NO. 023

印伝的小物

TAKANE鑰匙袋（上）2,400日圓
小置物袋（下）1,300日圓

Inden products

Made in Yamanashi prefecture, Inden is a traditional handicraft of applying lacquer patterns onto deerskin. Patterns with dragonflies and Mount Fuji are well-loved and believed to bring good fortune.

為鹿皮上漆並描繪花紋的「印伝」，是日本具代表性的工藝品。鹿皮最早可見於正倉院[譯註]收藏品，過去用於馬具及武具上，偶而也會用在日常生活用品。而在現代作為伴手禮的印伝製品，無論在形態或顏色上，都更加多采多姿。日本人通常會覺得印伝製的印章袋或卡片夾好用，但若要作為伴手禮送給外國人，我會推薦鑰匙袋或小置物袋。紅色黑色等高雅的配色較能取悅對方，不妨選擇富士山形象的花紋，或是又名為「勝利之蟲」、帶有吉祥意義的蜻蜓花紋（取其朝著勝利目標筆直向前飛之貌）。

譯註：奈良東大寺內的倉庫，用來保管寺院及政府財產，有千年以上歷史。

NO.
024

招財貓

800日圓

Beckoning cats (maneki neko)

These cats bring good luck to shops.
It is said that those with
their right paw raised beckon money
and left paw raised beckon customers.

看上去可愛又帶有招財意義而受到歡迎的招財貓，據說舉右手是招財，舉左手是招客。每次前往以招財貓聞名、位於世田谷的豪德寺時，總是擠滿了外國觀光客，令人實實在在地感受到招財貓帶動的財富。逛販賣擺設品的店家時，一般來說展示的大半都是白色的招財貓，但其中也會出現全身金色（總之就是金錢運超級強大的感覺）、全身黑色（眼光銳利、具有說服力的長相……）等個性豐富的貓。仔細看的話，還有兩隻手都舉起來，訴說無論是金錢運還是人潮都想要的強烈慾望……不，是幹勁滿滿的招財貓，如果你是正要創業的人，一定要買這個類型的啊。依據店家不同，有些店家可以自己描繪招財貓的臉，或者自己為招財貓上色，所以帶著客人一起去孕育出自己原創的招財貓，也許是個不錯的主意。但不知道為什麼，在餐廳之類的店面常見到的白底、眼睛睜得大大的、大家印象中的招財貓卻很少有店家販賣，搜尋起來有點辛苦。如果看到了，建議一定要當場捕獲它！

NO.
025

編繩手機吊飾

1,200日圓

Japanese braids (kumihimo) for phone straps

With a history of over 1000 years
Japanese silk braids glow with silk,
Japanese colors,
and excellent craftwork.

編繩隨著佛教傳入日本，之後作為護符而普及，在京都、三重、東京與其他地方各自演化發展，是日本令人驕傲的編織技術。現代的編繩不僅在帆布鞋上，也在熱門動畫電影《你的名字》中成為劇本裡的關鍵物品，活躍在各種地方。作為伴手禮，雖以手機吊飾或首飾為主，但也有活用編織技術做成杯墊或名片夾的商品。我想絹絲的光澤所帶來的高級感，以及日本獨有的美麗顏色，是它受到歡迎的原因。

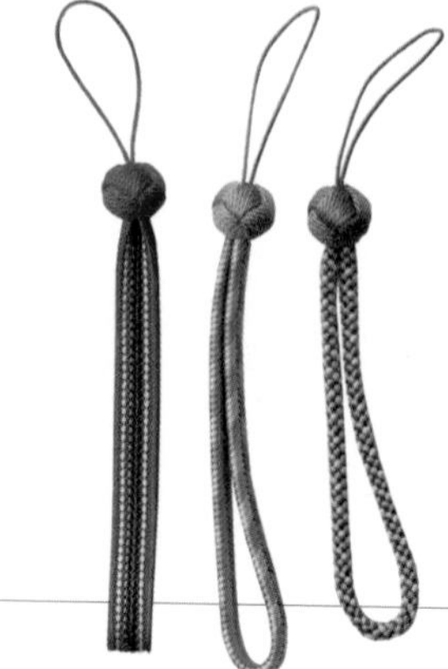

NO.
026

和服花色小物

眼鏡袋500日圓
筆袋550日圓
零錢包500日圓

Products with kimono-patterns

Bring home kimonos
in the form of pen cases,
pouches and other products
made from fabric
with kimono patterns
offered at affordable prices.

和服太貴了，想帶回家又佔空間，對於只能含淚放棄和服的人來說，和服花色小物就可以輕鬆地買回家了。將和服的花紋活用在零錢包、錢包、筆袋、眼鏡袋之上，是既華麗又實用的伴手禮。

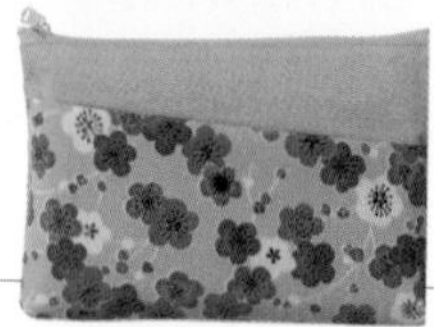

NO.
027

手工藝用布料

各種
480～580日圓

Fabrics for sewing

Fabrics are great gifts for people who love handmade items. Fabrics in Japanese patterns will bring home memories of your trip.

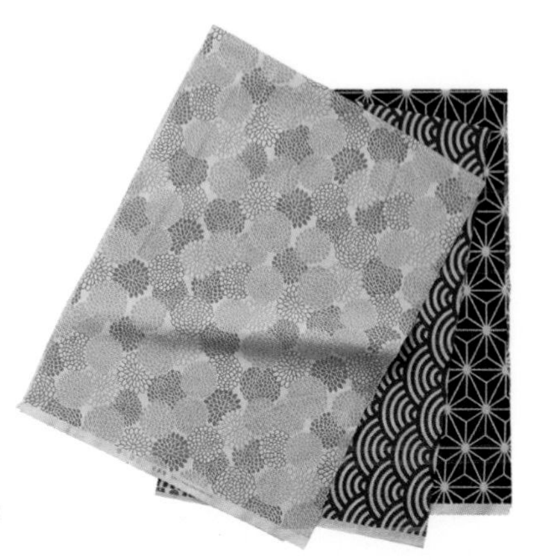

無論在哪個國家都有很多人喜歡做手工藝，在日暮里的纖維織品批發商店街從頭逛到尾，沒有一間店不陳列布料或手工藝品，已經到了「連這都有啊」的程度了。無論是適合用於改造的和風花紋布料，還是適合用在角色扮演服裝上的緞面布料或者合成皮等，根據使用目的不同，都能找到適合的布料。

NO.
028

法被

10,000日圓

Happi coats

Happi coats are worn on festive occasions and by workmen. Why not wear one to a Japanese festival?

在日本人的想法跟認知中，法被是祭典上穿的衣服。但另一方面，外國客人們則以將它裝飾在牆壁上觀賞為目的，所以挑選的時候會特別注重法被背面及領子的設計，並根據預算選購。從輕薄的布料，到有份量的布料所製成的正統法被，各式一應俱全。

NO.

029

Cute erasers

Cute erasers in the form of foods, animals, and many other things bring smiles to everyone and can actually be used.

橡皮擦

盒裝（100個入）
5,000日圓（定價）

「送橡皮擦當伴手禮？」很多人可能有這樣的疑問，直到去文具店一逛，原來如此，橡皮擦有實用的，也有從各種角度上來看都「感覺沒什麼用」的。若是送給大人，我推薦「積木橡皮擦」，因為有許多直角，在只想擦掉細小錯誤的時候非常方便；普通長方形橡皮擦的邊角可能一下就用完了，但積木橡皮擦可以在這種時候派上用場。送給小朋友，我則推薦買盒裝的橡皮擦。這種混裝盒裡有驚人的橡皮擦數量，該從什麼開始用才好呢？不，用了真是太可惜了，捨不得用啊……會讓人陷入這樣兩難的抉擇之中。

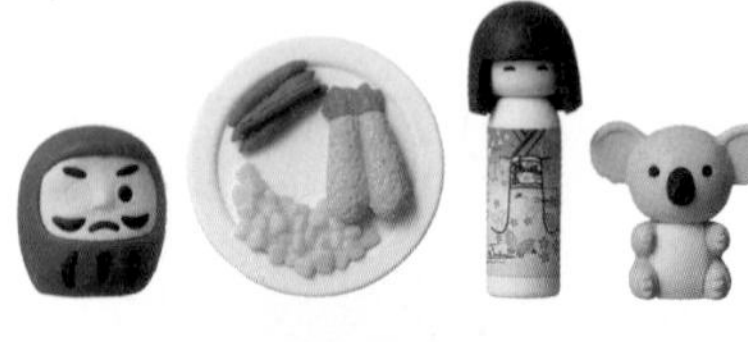

NO.

030

Kendama toy

This traditional Japanese ball-and-string toy immerses players to get the ball onto the cup of the wooden toy.

劍玉

700日圓

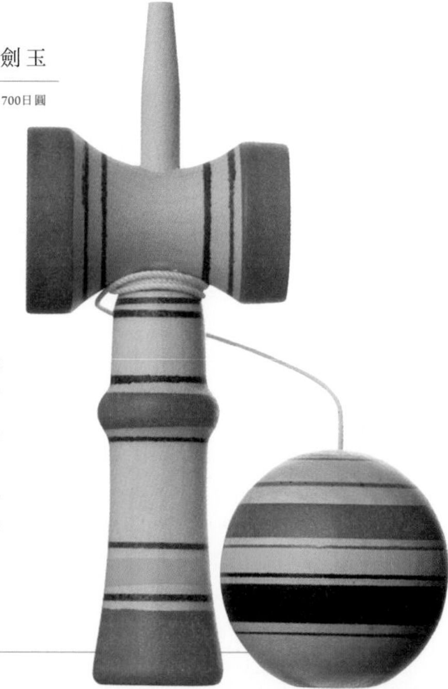

當客人說想買日本傳統的玩具，我連想都不用想，就推薦劍玉給他。當我提及劍玉的起源來自法國，許多客人都會說「我知道這個！」而感到親近。作為一種民俗藝品，廣泛販售於日本各地，日本的劍玉有漂亮的配色，很適合作為室內擺設，作為伴手禮送給他人。

NO.

031

KitKat

Japanese chocolate wafers in an assortment of flavors including matcha, wasabi, and special local flavors.

KitKat巧克力

袋裝500～600日圓
箱裝800日圓
（皆為建議零售價）

Love it!

General goods

Foods

無論在哪個國家，一旦對周遭的人說溜嘴：「我要去旅遊喔～」就出現分送散裝伴手禮的需要，而KitKat巧克力就是其中代表性的商品。我自己去國外旅遊的時候，也會多帶一點KitKat巧克力的新發售口味。它可說是毫無疑問的能讓人開心，分送又輕鬆的日本國家代表隊選手。現在除了經典的抹茶口味以外，還有草莓、藍莓或者柚子等水果系列、以及一些比較特殊的醬油、味噌、日本酒等調味料系列，總共約有200種口味，其中在成田機場或羽田機場還能找到各種地區限定款及季節限定款。我覺得最受歡迎的口味是伊藤久右衛門的焙茶口味（京都限定款）。如果想讓外國人體驗看看神秘的口味，可以買紅豆湯、毛豆泥、八幡屋礒五郎一味粉口味（長野限定款），讓對方猜猜是什麼味道。找到新品的時候，亦可以先試吃看看。雖然限定品只在當地才買得到，是其困難之處，但很少有人會討厭吃巧克力，所以當你為了需要大量伴手禮而煩惱的時候，買這個準沒錯。但若你要前往的是炎熱國家，或要在盛夏時送人，那就有點危險了，巧克力可能會融化到甚至能看見中間威化餅乾的程度。

NO.

032

緑茶

600～1,000日圓

Aromatic!

Green tea (ryokucha)

The first tea leaves of the year are picked in May and processed into fine green teas known as Sencha and Gyokuro. Appreciate the refreshing flavor.

煎茶

玄米茶

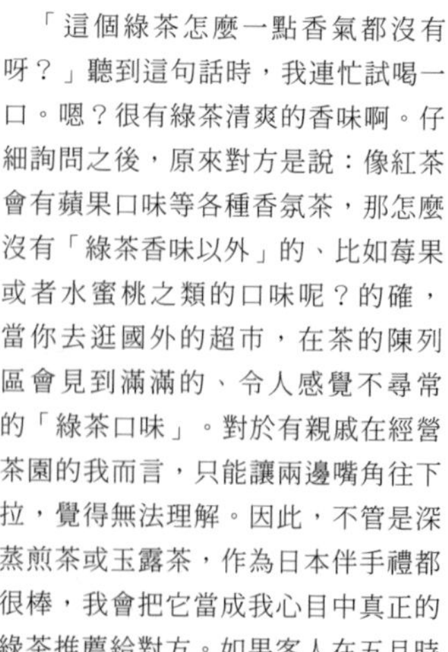

「這個綠茶怎麼一點香氣都沒有呀？」聽到這句話時，我連忙試喝一口。嗯？很有綠茶清爽的香味啊。仔細詢問之後，原來對方是說：像紅茶會有蘋果口味等各種香氛茶，那怎麼沒有「綠茶香味以外」的、比如莓果或者水蜜桃之類的口味呢？的確，當你去逛國外的超市，在茶的陳列區會見到滿滿的、令人感覺不尋常的「綠茶口味」。對於有親戚在經營茶園的我而言，只能讓兩邊嘴角往下拉，覺得無法理解。因此，不管是深蒸煎茶或玉露茶，作為日本伴手禮都很棒，我會把它當成我心目中真正的綠茶推薦給對方。如果客人在五月時造訪日本，那一定要推薦當季新茶。雖然我覺得抹茶也不錯，但考慮到對方回到母國後若要自己泡抹茶，就非得贈送一整套泡茶器具並且教會他泡抹茶的方法不可，這樣難度就變得很高。除了綠茶，玄米茶也很受歡迎，不過有些人看到像爆米花一樣炒得香香脆脆的玄米，覺得看起來很好吃就用手指拈來吃光光，這樣的情況也是有的……那就成了沒有玄米的玄米茶了，這跟到蕎麥麵店點了蕎麥麵卻不加天婦羅不是一樣嗎。

NO.
033

焙茶

700日圓

Roasted green tea (hojicha)

Enjoy hojicha after meals.
The roasted aroma
and clear aftertaste is
why it is offered at
many eating places.

在日本吃了第一餐後，餐廳會端上茶色的茶，總是讓很多客人感到驚訝。因為在多數人的印象中，日本茶＝綠茶，於是便問：「這是烏龍茶嗎？」當我說明：「呃——這是用綠茶茶葉炒製而成的……」此時很多人就會一口氣喝光，並評價「Fantastic！」而且還對我說比起綠茶，反而比較喜歡焙茶。當綠茶擺得有點久了，自己在家也能用平底鍋炒製（即真正的焙烙）焙茶，只要小心不要炒焦即可。據說如果想要消除廚房烤魚的腥味等等，炒焙茶也是一個好方法。

NO.
034

抹茶味和菓子

抹茶銅鑼燒231日圓

Matcha-flavored sweets

There are numerous variations of
sweets flavored with matcha.
Matcha dorayaki which have sweet red bean
sandwiched between matcha flavored
pancakes are very Japanese.

每次逛街逛累了在休息的時候，都覺得大家好喜歡抹茶口味的東西啊，無論是抹茶拿鐵還是抹茶冰淇淋，甚至有人喜歡到一整天只吃帶有抹茶綠的食物。抹茶口味這麼受歡迎，我推薦可以買的伴手禮是抹茶蜂蜜蛋糕、抹茶年輪蛋糕、抹茶巧克力等等。即使是包有紅豆甜餡的甜點，加了抹茶似乎就比較容易入口了。我經常帶著抹茶蜂蜜蛋糕當伴手禮送客人，因為可以順帶講解日本的西洋甜點歷史，但也常常被抱怨：「不用講這麼多了，快讓我吃吧。」

NO.
035

日本酒

左 1,410日圓
右 1,500日圓

Sake (Japanese rice wine)

Over 20,000 types of
sake are brewed in Japan.
Find one that suits your taste.

過去我跟客人一起去居酒屋，若是問對方：「要喝喝看清酒嗎？」對方大多會回答：「那是什麼？」但是近年來因為日本酒廣泛外銷國外，在國際社交舞台上也經常有人拿日本酒相互饋贈，因此國際間的知名度大大地提升許多，就連許多酒的包裝外觀也變得時髦起來。甚至有外國人會在吃飯的時候，直接向店家點名：「請給我溫清酒。」如果送禮的對象是愛好喝酒的人，那麼不管對方有沒有事先了解相關知識，日本酒都是當伴手禮的絕佳選擇。但因為有點重量，所以建議買便於運輸的720ml或者360ml。依照不同的對象，可以選擇贈送放在桐木箱中的豪華版限定酒；也可以拿只有一杯分量的罐裝版當伴手禮輕鬆分送。日本有多少糧食產地，就有多少發酵食品種類，日本酒也不例外。說說名酒產地的水跟米有多好喝，或者贈送自己家鄉釀造的酒，都能讓話題熱絡起來。而對方很可能會說當他下次來日本的時候，「Take me to this Sake brewery, please！」（帶我去這個酒藏吧！），要有心理準備。

NO.

036

柿種米果山葵口味

250日圓

Wasabi-flavored Kaki-pea (rice crackers with peanuts)

Kaki-pea snacks combine small crescent rice crackers with the appearance of persimmon (kaki) seeds and roasted peanuts. Wasabi-flavored Kaki-pea goes great with beer.

帶客人去便利商店時，他們常常會說日本的下酒小點心種類非常豐富。站在陳列架前面時，引起他們關注的卻不是熟悉的洋芋片，而是柿種花生米果。並且其中以山葵口味最受好評，也許是這種跟辣椒完全不同的辛辣味道，對他們而言非常新鮮吧。

OMIYAGE

For Your Best Choice

2章

有創意的伴手禮

Great ideas for repeaters

NO. 037
|
NO. 139

針對常客介紹
「有點意外」的伴手禮。
同時收錄「居然會買這個！？」的
「特別伴手禮」番外篇。

NO.
037

漆器葛籠・小箱

放小東西的葛籠7,000日圓（含稅）
小型小箱2,500日圓（含稅）

Lacquered wicker baskets and boxes

Originally, large baskets for storing wardrobe were lacquered for reinforcement. The technique has been applied to boxes and baskets of various sizes, shapes, and purposes.

過去在日本橋一帶開滿了許多和服店，聽說也有許多收藏和服用的葛籠專門店。葛籠始於十七世紀末期，由江戶商人作為婚禮家具的一部分來販賣，製作過程包含將編好的籃子塗上柿渋（譯註）、貼上和紙、上漆等各種工序，可說是集日本傳統技術之大成的實用工藝品。到了現代，葛籠的用途不再僅限於保管衣物，隨著拿來裝信件或首飾等用途的不同，大小也跟著改變，甚至也有拿來裝擺設用小物品的。或者，取代竹編的箱子，塗上漆的木製小箱也很棒。高雅的黑色與華麗的朱紅色，兩者都令人難以取捨。如果你選擇葛籠作為伴手禮，而對方要將它帶回母國，就不能選擇像童話故事裡的老太太奮力背著的竹籠大小，選擇文件箱大小或者再更小一點的尺寸比較好。在人形町的岩井葛籠店，木製小箱隨時都有庫存，但葛籠從接受訂製到真正買到，通常要耗費數週時間，若要送人建議要早些預定。因為它還能客製化姓名在箱子上，所以很多人都喜歡買來作為特別的禮物。

譯註：將未成熟的柿子摘下，搗碎發酵而成的汁液，有提高日用品、衣料品耐用程度的效果。

NO.
038 木屋的指甲剪・吊飾型迷你剪刀

口袋型指甲剪700日圓
吊飾型迷你剪刀550日圓

Nail clippers and portable folding scissors by Kiya

Small but sharp clippers
and scissors come in handy for travelers.
Their simple design is a good reason
for their popularity.

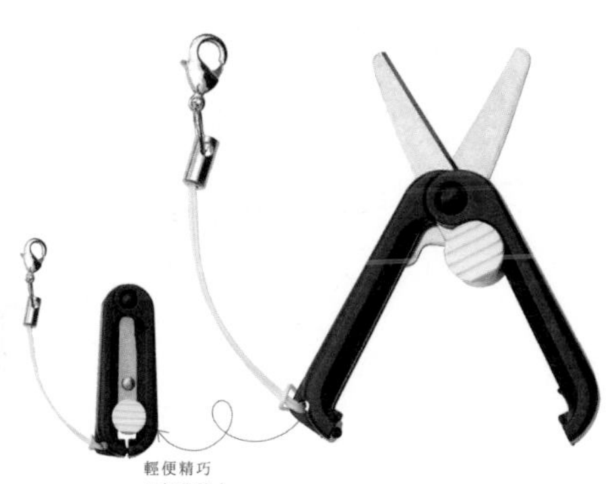

輕便精巧
又好收納！

當旅行期間超過一個禮拜時，就會出現「如果有帶那個就好了」的想法。其中最具代表性的，就是指甲剪跟剪刀。明明出門前事先剪好了指甲，進入旅行的後半段，指甲又長長了，實在令人感到不舒服。這時候如果能啪嚓啪嚓地把指甲剪掉，會是多清爽的一件事啊！另外，當你買了洋裝或是食物，應該會想剪掉洋裝上的塑膠吊牌，或者想要用什麼來剪開外包裝袋吧。日本橋木屋出品的指甲剪和攜帶用吊飾剪刀，是讓每個收到的人都會立刻感到「啊，真是太好了！」的旅行好幫手。指甲剪有黑色簡潔的設計，分為大、小兩種尺寸。而吊飾型剪刀因為實在太過小巧，剛看到的時候可能會誤以為是玩具，但其實它有一百二十分的機能性；剪刀刀刃只有使用時才會外露，平常是收起來的，因此十分安全。而不管是指甲剪還是剪刀，銳利度跟耐久度都是承繼自日本製產品的品質保證。只是要注意，這兩樣東西因為太小了，可能會不小心就放在手提行李中過海關，很容易因為被海關沒收而哭泣，請特別向即將踏上旅程的人們提醒這一點。

NO.

039

抹茶初學者套組

5,000日圓

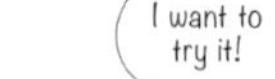

Matcha starter kit

Tea set for serving a bowl of matcha at home less all the formalities. For matcha lovers who want to enjoy matcha in their daily life.

導覽行程中最常去的地方之一，就是東京浜離宮的恩賜庭園。在池子中央的小島茶屋中，客人們坐在緋紅色的毛氈上，每個人都熟讀了「日本茶的喝法與禮儀說明書」。接著抹茶一一送到面前，首先如事先預習的，將茶碗放在左手，用右手旋轉茶碗，這時候原本可以喝了，卻因為太緊張，又反向旋轉了茶碗……就連喝了以後才要反向旋轉茶碗的取笑話語都聽不進去。享受了這難得的茶道體驗，方才結束整個喝茶的流程。有人問我：「我回國後也想在家裡泡抹茶，可以買整套工具回家嗎？」這時我會推薦一保堂的初學者抹茶套組——「初心一保堂」。當然，你想自己另外買茶刷或茶杓也可以，但這個套組收納了所有必需品，要搭飛機帶回家就方便許多。道具中有抹茶及茶巾，還附有用英文寫成的「抹茶泡製方法指南」，如果不小心忘了怎麼泡茶也沒關係，可以說各方面都為你準備萬全了。我想，即使是旅遊行程太緊湊，沒辦法進行茶道體驗的人，也會喜歡這項禮物的。

NO.
040

南部鐵壺

45,000日圓

Nambu iron kettle

Nambu in Iwate prefecture is famous for the production of iron kettles. It is said that water boiled in iron kettles becomes mild.

每次被問到，我心裡總會想「咦～這麼重的東西你真的要帶回國嗎？」，但又說不出口的代表性伴手禮，就是鐵壺。外型設計有傳統的不規則突起花紋，也有尖銳的現代風格，各式各樣。有人想把它放在室內裝飾用的暖爐上，所以買的是直徑30cm重5公斤的鐵壺，而據說他買了之後還要再繼續周遊日本10天以上……不知道是否真的帶著鐵壺到處跑啊。如果你選擇這個當伴手禮，且必須對送禮的對象保密，一定要事先調查好對方手臂的肌耐力啊！

NO.
041

蕎麥醬汁碗

各種1,800日圓

Cups for soba soup (soba-choko)

Originally made as cups for soba soup, these containers can be used as you like. You can grow small plants in them or use them to hold pin cushions.

「稀哩呼嚕，稀哩呼嚕……」客人第一次在蕎麥麵店體驗「吸麵」之後，視線往下移，突然發現手邊的杯子看起來真漂亮，這個杯子就是醬汁碗。的確它形狀簡單，大小也令人有各種用途上的發想。可以用來喝茶或喝咖啡，拿來當小植物的花盆也行，甚至也有喜歡做手工藝的客人把它當針插的容器使用。有些新品只要500日圓左右，十分便宜，但如果喜歡有味道的瓷器，我覺得到骨董市場選購骨董商品也不錯。

NO.
042

備前燒

18,000日圓
（參考價格）

Bizen pottery

Traditional pottery produced in Bizen, Okayama prefecture, featuring a hard surface of a reddish-brown color due to high iron content. An art of fire, no two works have the same pattern.

在眾多的日本陶藝品中，許多人選擇以日本岡山縣自豪的備前燒作為伴手禮。無論是清爽的風格，還是裝飾以高雅的色調，都好看又好用，並且每一個都帶有偶然產生的獨特「景色」，令原本就喜歡陶藝的客人越看越喜歡，無論多少都想買下來。我經常聽說有人在來日本之前就已經是備前燒的大粉絲了，到店裡買還不夠，據說下次還想去參加備前燒祭，在當地嘗試自己燒製陶器。另一方面，我也會遇到這樣的客人：「我知道『備前』這名字，但那到底是什麼啊？」這時候我會帶他到御茶之水一間名為「備前Bistro」的餐廳，實際體驗備前燒使用起來的手感，這也是一個方案。雖然這間店主要做法式料理，但幾乎所有器皿都是備前燒，能讓客人直接以眼睛和手去感受它。即使用來盛裝五彩繽紛的菜餚，備前燒也能萬能地出色襯托，很多客人享用完所有美味的料理之後，都說：「雖然很怕會打破，但我還是要買回家！」以品項來說，我推薦購買有日本特色的酒杯，或是每天早上用來泡咖啡的馬克杯。

NO.
043

虎屋 豆皿

御菓子之畫圖写〈元祿〉

3,500日圓

Small Japanese plates by Toraya

Set of five small plates in the shape of Japanese sweets. Serve sweets on them or just use them as a holder for accessories or whatever you like.

Cute!

如果想買和菓子當伴手禮，但又煩惱於保存期限都不長，在虎屋有模仿和菓子樣式的豆皿套組可以購買，名為「御菓子之畫圖写〈元祿〉」。這是模仿十七世紀虎屋的樣品型錄中流傳下來的五個和菓子樣式——「霰（譯註）地」（あられ地）、「名月」、「東雲」、「玉之井」、「花車」而成的一個套組。另外還有以大正時代的樣品型錄為藍本所做的限定套組，只在虎屋東京midtown分店販售。我常聽客人抱怨，來日本想買很多陶器帶回去，但又重又很難收進行李箱，那麼買豆皿套組就沒有這個問題了。5枚豆皿整齊地放在10cm大小的禮品盒中，箱子外層也已經好好地包裝起來，直接放進行李箱就行了。我每天吃飯都用它來裝醬菜，但對國外客人們來說，大多是用來作為室內擺飾，或者喝下午茶的時候拿來擺放巧克力等。此外，聽說身處冬日特長而寒冷的高緯度地區的人，會用這個小碟子盛裝蠟燭來欣賞，原來如此，這樣也不錯呢！

譯註：霰（あられ）原本用來指直徑不滿5mm的冰雹，後來用於形容長得像這種小冰雹一樣，形狀凹凸不平的和菓子、米菓或花紋。

NO.
044

枡

2,200日圓

Square wooden containers (masu)

Made of cypress and other wood, masu originated as a measure for beans and rice, but are often used to drink sake.

Nice!

如果客人說：「一瓶裝的日本酒實在太重了，我下次有機會再帶回家吧。」那就改為推薦他買「德利」（譯註）或者「枡」回家如何？德利從純白簡潔的款式，到日本各地名窯燒製的產品，有相當多的種類，可以針對贈送對象的氣質，選擇相應的商品。另一方面，枡粗略地可分為用檜木等原木質地的，以及塗上黑底點綴紅色花紋、上了漆的產品。這次我推薦檜木做的枡，並且不只一個，是大大小小三個一組、一個套一個，名為「俄羅斯套枡」的商品。當然這實際上也可以拿來喝酒，但把這三件稍微調整一下角度、疊起來當擺飾，也是展現日本風格的選擇之一。我曾經碰到有客戶在餐廳點清酒，店家把玻璃杯放在枡之中，再把清酒倒進玻璃杯直到溢滿整個枡，客戶看得目不轉睛，感覺很想自己試試看。於是我便開玩笑說：「如果買的數量夠多，也許可以代替香檳塔，用枡做成日本酒塔呢！」沒想到隔天他真的跑去買了15個枡，讓我嚇了一跳！並成為日後不斷反省的一段回憶。也因為這樣，我會覺得以伴手禮來說，3個就是個剛剛好的數字。

譯註：德利（とっくり）是裝清酒用的陶瓷酒瓶，上窄下寬，要溫清酒時通常直接放入熱水中加熱。

NO.
045

寫著魚類漢字的飯碗

480日圓

Bowl with names of fish in Chinese characters

The names of numerous fish are printed inside this bowl.
You can study kanji as you eat.

鯛、鰹、鰺、鱚（譯註）……我們經常在壽司店等地方，看見印有這些帶魚偏旁漢字的茶杯。因為這些字都排列在茶杯外側，所以瞥見時會有種「吃飯前要先做漢字測驗」的感覺，有些掃興。但若是這個飯碗，就沒有這問題了。因為漢字寫在飯碗內側，盛多少食物，這些字就被遮住多少。比較起來，以希望激發客人們漢字學習慾望的目的來說，這種稍微改變視線目標的飯碗，也許比茶杯要更有用吧？

譯註：鰺（あじ）即竹筴魚。鱚（きす）為日本沙鮻，海魚的一種。

NO.
046

便當盒

左2,200日圓（含稅）
右1,800日圓（含稅）

Lunch box(bento box)

Perfect for taking your lunch to school or work.
The headgear serves as a soup bowl.

「BENTO BOX」在日本的日常生活中不可或缺，作為伴手禮也是活躍的一員。從宛若藝術品般塗了漆的便當盒，到在鋁製便當盒上印刷如日本國旗一樣的白飯加梅干的設計，無論是尺寸還是價格，總之樣式已多到不知道從何選擇了。其中很多外國人到了築地，都會買這一組武士與公主木碗便當盒。武士的頭盔、公主的頭髮部分是木碗，臉跟身體的部分是兩層便當盒。「雖然把頭拿起來的感覺很奇異，不過這真是既可愛又好用啊！」因此廣受好評。

NO.

047

刻上名字的廚刀

12,000日圓

Knife with your own name

Japanese knives backed with the tradition of sword making are renowned for their sharpness. You can have your own name engraved on the blade.

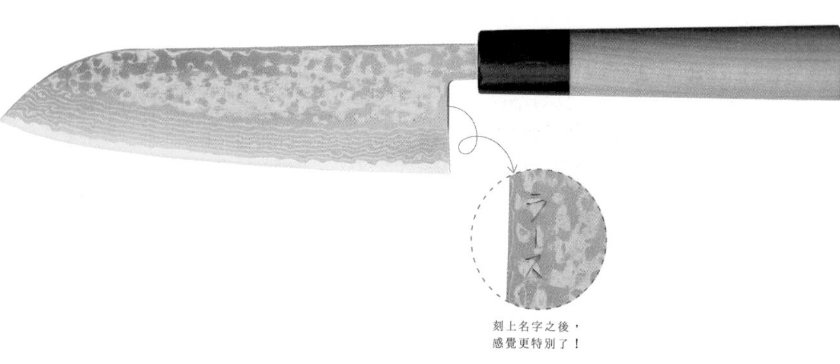

刻上名字之後，
感覺更特別了！

到現在，請我代買伴手禮的累積次數第一名，毫無疑問就是這個廚刀！就算時間不夠沒辦法自己到現場去選，也要想辦法買到，日本的廚刀就是這麼受歡迎。三条、堺、土佐山田，以及以產量為傲的関等地，自古以來刀具的產地就遍布於日本各地。因為廚刀的歷史跟武士刀的歷史密不可分，所以外國觀光客們這樣的推測，也可說是相去不遠——「這些刀具出自拿著武士刀的武士國度，所以品質一定會很好。」在合羽橋道具街的「かまだ刀研社」裡，依照材質跟用途的不同，備有8,000日圓左右至數萬日圓的商品。許多會做菜的男孩子站在一字排開、數量多到彷彿要淹沒他們的刀具櫃前，一一品定刀具的樣子引人注目。我常聽聞用來切生魚片的柳刃廚刀，以及容易保養的不銹鋼材質廚刀，配上白木製的手把，看起來比較像日本廚刀的商品比較好；因此如果要買來當伴手禮，建議可以從這個方向去找。另外，以「かまだ刀研社」為首，許多店家都提供當場用片假名刻上名字的服務，如果你想悄悄準備一個令人驚喜的禮物，可以考慮看看！

NO.
048

木製砧板

3,400日圓

Wooden cutting boards

Many types of wood are used to make cutting boards in Japan. Gingko does not absorb water, cypress produces beautiful grains, and dolabrata (hiba) is highly resistant to bacteria.

在日本的廚房中一定會有砧板，但在國外，做菜的時候僅用廚刀切菜的國家似乎也不少。所以在造訪廚刀店家時，看到店家陳列了許多厚重的砧板，其材質與種類之豐富，常會嚇到不少人。這個時候，有些人會覺得難得來日本旅行，買了刻著自己名字的廚刀，也順便買個砧板配成一組吧。雖然價格不便宜，但有許多人一咬牙，就買了用美麗檜木做成的原木砧板。如果要送人，我建議買小一點的尺寸，不但可以放在餐桌上直接出菜，也好收進行李箱裡。

NO.
049

砥石

2,180日圓

Grindstone

If you buy a Japanese knife, get a grindstone to retain its sharpness. Make sure you ask for advice on how to sharpen your knife at the shop.

有人在日本買了廚刀當伴手禮，回國後也想要享受磨刀的樂趣，所以一併買了砥石。遠古時，日本也曾生產品質好的石頭，加上日本原本就深植了磨刀的文化，這的確是很像日本的伴手禮，但也要注意它滿有份量的。

NO.

050

和菓子木製模具

5,800日圓
（含稅）

Wooden molds for making Japanese confectionery

Some types of Japanese confectionery are made using wooden molds.
Motifs reflect seasonal flowers and plants,
sea breams, and symbols of good fortune.
Can also be used as a wall decoration.

以前我曾經在某個導覽行程中，有機會和客戶們一起去逛骨董市場。到了會場，令他們眼光一亮並且拼命尋找的，就是這個和菓子的木製模具。這就是你去和菓子老店的時候，他們用來當擺飾的那個。因為碰到值得慶賀的時節，大家第一個想到的就是鯛魚，所以大大小小鯛魚的木製模型堆得像山，就好像鯛魚在各處彈跳一樣。其他比如烏龜、松樹，或者做得像松樹的壽字系列、菊花、梅花、櫻花等日本花系列；有點奇怪的是，還有相撲力士和老翁的能面具等等。彷彿在往終點衝刺一樣，最努力找它的人最後買了接近20個回家，當我問他：「你買這麼多要做什麼用？」他回答：「我要重新粉刷廚房的牆壁，再把它們貼上去。」喔？就跟貼磁磚一樣嗎？「我正在思考怎麼排列，現在覺得好期待啊。」一臉滿足的樣子。原來如此，可以用單個來做擺飾，也可以用許多個拼成一個「大作」來裝潢家裡。順帶一提，我曾經自信滿滿地拿起伊勢龍蝦的圖案向客人提案：「這是很吉祥的圖案耶，要不要買一個？」沒想到對方卻回答：「嗯……看起來好像三葉蟲，還是不要啦。」直接拒絕了。（因為是骨董的關係，所以價格不一，請注意。）

NO.
051

壽司模具

1,200日圓

Wooden mold for making sushi

You can easily make sushi by filling this mold with vinegared rice. Great for people who find it difficult to make hand-pressed sushi (nigiri-zushi).

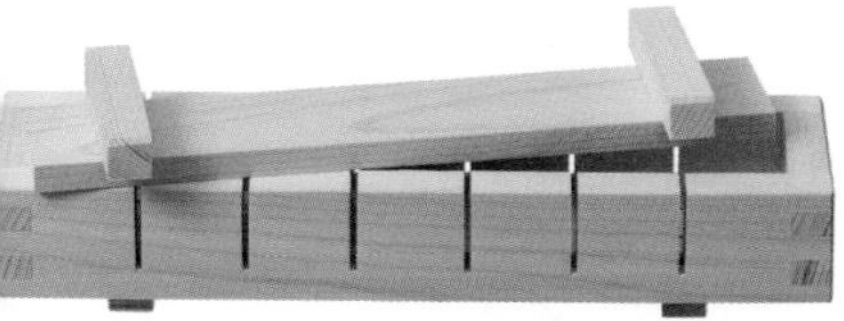

即使是在自己的國家常舉辦壽司派對的人，知曉「押壽司」是上方（譯註）壽司的一種的，也不是太多。「用了模具可以做得更漂亮，不容易失敗。」我這麼解說，於是對方回答：「喔～如果是壽司蛋糕的話，我應該做得出來。」然後買下它。無論是握壽司還是捲壽司，都要經過大量練習才能成功，但如果是押壽司就沒這問題了。因為檜木製的模具只在日本才買得到，所以我想這是個可以拿來炫耀的伴手禮。順帶一提，北歐的客人都說回去要用鮭魚來做壽司，如果能再加鋪一層竹葉，不就是富山縣的名產鱒壽司了嗎？

譯註：上方是日本江戶時代對京都、大阪等近畿一帶地區的稱呼。

NO.
052

飯盆

2,650日圓
（直徑24cm）

Wooden bucket for vinegared rice

Make sushi rice by sprinkling vinegar onto cooked rice and mixing them together in this bucket. Mixed sushi (chirashi-zushi) can be served as is in this container.

對於我客戶之中的狂熱壽司粉絲而言，有自己專用的壽司捲簾是不夠的，還想要多買一個自己專用的飯盆。當我說明：「飯盆不僅是用來冷卻醋飯而已，如果要做散壽司，就是直接盛裝在裡面端上餐桌的喔！」之後，對方似乎更想要一個了。雖然我很擔心把這麼大一個東西裝進行李箱，其他東西不就裝不下了嗎？但過去仍有人買了直徑50cm左右的大飯盆回家。有時客人也會問我：「這跟泡溫泉的時候放在池子裡的那個好像！」我也只能滿臉問號，這……說的是浴盆嗎？

NO.
053

五十音餅乾印章

826日圓

Cookie stamp set of the Japanese alphabet

A set of stamps of Hiragana characters. Enjoy studying Japanese while you bake.

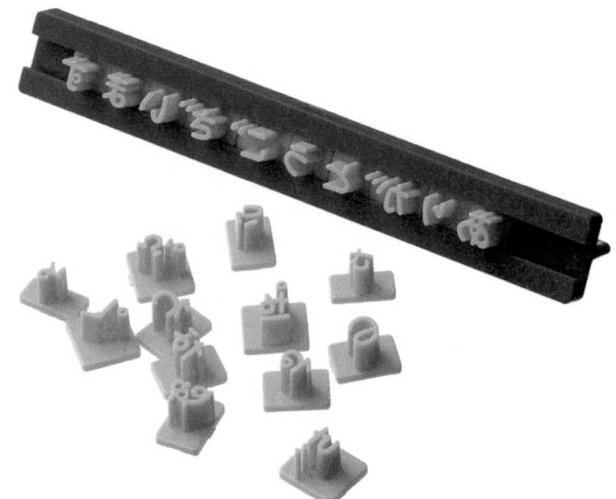

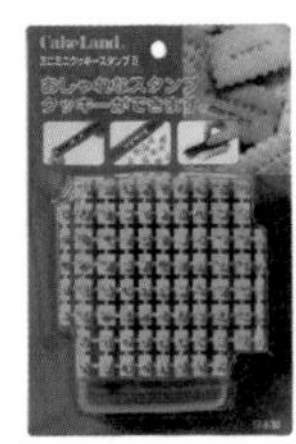

每個來日本的訪客都對日語的系統很有興趣，我在導覽行程中總是會無止盡地被問到「平假名跟片假名有什麼不同呢？」、「Japanese alphabet（指五十音）有幾個呢？」等問題。然而，當我一一回答之後，他們常回答：「這樣啊，實在好難啊，我覺得我應該學不會說日語……。」所以有時候我會推薦他們：「不然先試試這個，習慣一下五十音，如何？」之後，這個五十音餅乾印章受歡迎的程度突然大幅提升。正確來說，這是一個由餅乾模型以及在餅乾上刻印出五十音文字的模型套裝組合，可以享受一邊做餅乾一邊學習日文的樂趣。當然我想國外應該也有英文字母版本，但日語版本只在日本才買得到。可以拿來印出「ありがとう」（謝謝）或者「こんにちは」（你好）等基本對話，日文程度進步了也可以寫些原創的文句，比如說「らーめんはしょうゆがさいこう」（拉麵還是醬油口味最好吃〔這是真實案例〕）等。但偶爾我會遇到買了這個商品的客人對我提出這樣的要求：「我下次來日本玩之前會使用看看，你能不能寫些例句給我呢？」甚至有時還會叫我出考題給他做。

NO.

054

和式蠟燭

1,200日圓

Japanese candles

Japanese candles are made of wax derived from plants. They feature large flames and less soot and are covered with beautiful paintings.

雖然對日本人來說，蠟燭是放在神社、寺廟或家裡的佛壇供奉用的，但是對外國人來說，蠟燭就比較常出現在日常生活中了。特別是在冬季的夜晚很長的國家，想在家裡吃頓比較特別的晚餐，或者朋友來家裡開派對的時候，蠟燭就會成為照明的一份子。對這些人來說，上面印有漂亮圖案的和式蠟燭實在令人愛不釋手。和式蠟燭是植物性的蠟燭，燃燒時不易起煤煙；燭芯是和紙製的，所以會持續燃燒著大朵的火焰。這些都是和式蠟燭從外表上很難看出來的特徵，我想這些特點也是一種樂趣所在。

NO.

055

富士山磨泥器

1,200日圓

Grater in the shape of Mt. Fuji

Enjoy grating ginger at the mountain top and let the grated ginger flow down the mountain like lava.

這是一個把薑放在富士山山頂上磨，看著薑泥沿著山坡滑下來的新奇器具。有些人在訪日時，以此作為登上富士山的紀念而買下它。如果磨的是白色的泥，就可以重現山頭被雪覆蓋的、神聖的冬季靈峰富士山。這項商品總共有五種顏色。

NO.
056

木刀

2,000日圓～30,000日圓
（價格依材質有所不同）

Wooden sword

A real sword is just too dangerous.
Practice making an attack with
a wooden sword to your heart's content.
Wooden swords with various blade
curves and material are produced.

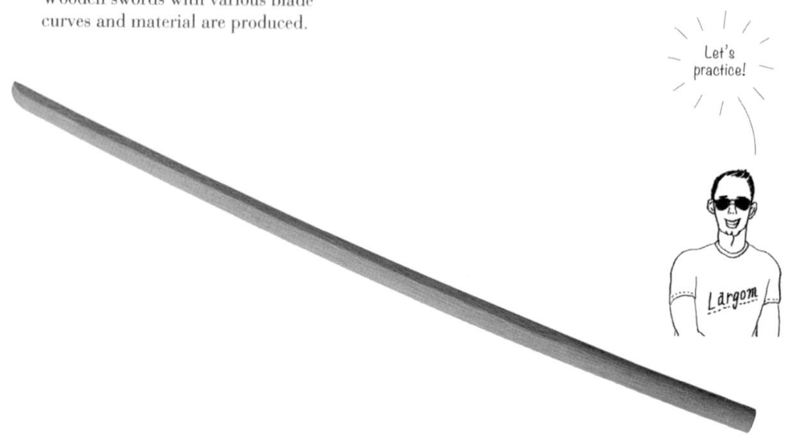

這就是我們小時候，去觀光景點時常見到有人在販賣的木刀。我自己也一直不知道為什麼這些地方都要賣木刀，結果某次我被一個周遊了日本各地的客戶問到：「為什麼每個地方都有賣那個呢？」於是趁機調查了一下，原來是在大約六十年前，日本流行武鬥風潮，在白虎隊[譯註]的家鄉會津若松，便有人將木刀命名為「白虎刀」，因此大熱賣，短時間內風靡全國。我想這是因為，就算確實很帥氣，也不可能去買真正的武士刀，所以從現實面考量安全、價格以及容易取得的程度，依然有點帥氣（？）的木刀便理所當然成為大家的選擇。這對外國客人來說也是一樣的，所以從已經無法滿足於塑膠製玩具的人，到真正想要學習劍道的人，大多都成了木刀的粉絲。實際上木刀不用特別跑到觀光景點去買，有專門店家販售。在水道橋附近的武道道具專門店，依照材質的不同，從2,000日圓到30,000日圓左右的各種木刀都有。感覺可以用來練習揮刀斬斷自己買過多伴手禮的慾望。

譯註：日本會津戰爭時屬於舊幕府的勢力組織，由15至17歲少年武士所組成的軍隊，相關的歷史故事活躍於日本大小銀幕之中。

NO.
057

園藝用花剪

12,000日圓

Gardening scissors

Gardening scissors made in Japan
keep sharp over a long period of time
and have beautiful designs.

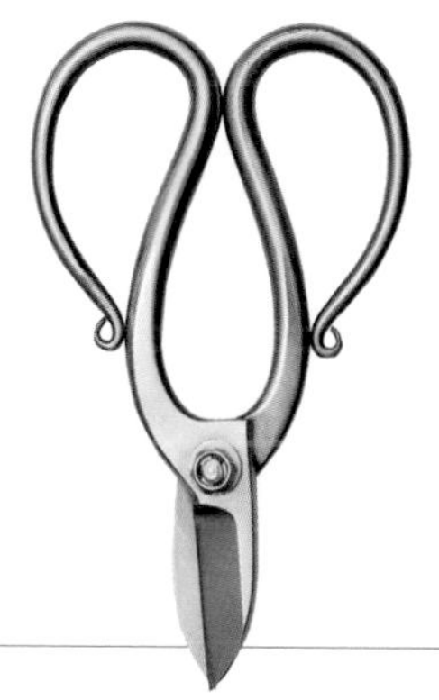

現在越來越多外國客人造訪日本主要是為了體驗日本文化，我經常聽說有人來參加了一天花道課程後，從此愛上了插花。國外的園藝剪刀較重視機能與威力，雖然剪起來相當省力，但畢竟是處理花材，總希望所用工具能更柔和優美一些……我會推薦這樣的人買うぶけや（Ubukeya）的園藝剪（花剪）。雖然許多公司都有販賣各式花剪，但うぶけや的剪刀是不銹鋼製的，既漂亮且設計令人百看不膩。雖然價格略高，但考慮到不容易銹鈍可以長久使用這點，就會覺得根本便宜到不行。

NO.
058

竹蓆

Rush mats (goza)

Goza mats are made of rush,
the same material used for tatami mats.
They can be spread outdoors as
picnic sheets as well as indoors.

因為客人的母國並沒有坐在地上的習慣，所以我忍不住問他買竹蓆回去要做什麼，答案是用於野餐時。的確，我主要的客戶都來自喜歡日光浴的國家，所以我也很能理解。聽說客人覺得竹蓆「接觸肌膚的感覺很好，而且還有淡淡的香味」（但我不太推薦用在戶外啦……）。也有人把它放在客廳作為地墊使用。有些人很喜歡帶著青草香的榻榻米，想買回家卻因為太大了只好放棄，此時可以選擇能輕鬆捲起來的草蓆，讓回國後也能在生活中回憶此次日本之旅。

NO.
059

榻榻米涼鞋

1,300日圓
（含稅・參考價格）

Tatami sandals

Sandals made with rush
keep your bare feet dry
and comfortable
even in the humid summer.

當季節接近夏天，逛日本服飾店就會看到榻榻米涼鞋出現在貨架上。跟我一同逛的客人說：「這在濕度高的地方走起來不會黏腳，感覺很舒服。」當場就買了。涼鞋腳背鞋面用的和風布料花色引人矚目，也是非常好看的點綴，也有客人將涼鞋與浴衣配成一套購買。榻榻米涼鞋用的是國外少見的材質，是外國買不到的鞋類，所以我想這是能取悅客人的地方吧。雖說是涼鞋，但分類上應該算是草鞋，買的時候選擇腳跟稍微超出鞋底一點點的大小才是正確的。

NO.
060

雪駄

4,500日圓
（含稅・參考價格）

Leather soled sandals

Japanese sandals for men
with bamboo skin and leather sole
to prevent moisture from seeping through.
Many people wear them
with regular clothes these days
as well as with kimono.

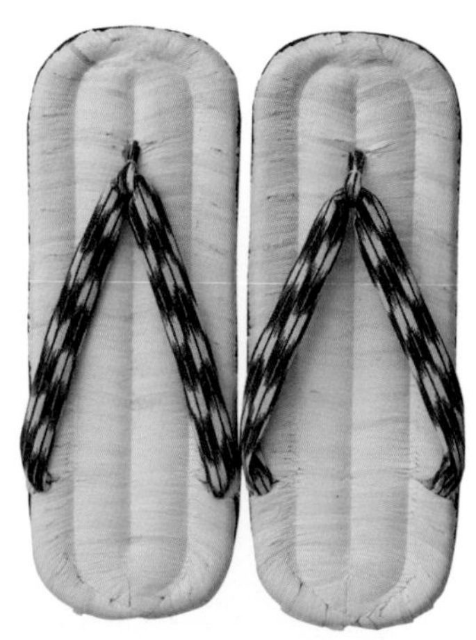

電影《男人真命苦》的男主角阿寅，和漫畫《天才笨蛋伯》中的爸爸，他們腳上穿的雪駄到了現在，因為在巴黎時裝展中登場而似乎成了一種時尚配件。設計上也從傳統樣式到能夠搭配洋裝穿出門的洗鍊樣式，各式各樣都有。也有人覺得雪駄穿起來比木屐舒適許多。

紙鶴飾品

耳環1,500日圓

Origami crane earrings

Miniature cranes made by folding origami have been made into earrings and pierces.
Let the cute Japanese cranes swing from your ears.

Beautiful!

以女性為客群的伴手禮之中，最貴重的就是飾品類。優點是體積小，攜帶運輸方便，並且很多飾品的設計都具有當地國家的特色。令人一眼就能看出日本特色的設計之一，就是鶴的形象，就連日本航空也採用鶴作為品牌標誌。紙鶴也是最為人所知的折紙樣式，全世界都知道它象徵身體康復以及對和平的期望，因此我強力推薦這個以紙鶴形象所設計的耳環。最近我經常聽說外國客人們在學校之類的地方學過折紙，但在聽到要用邊長只有2cm的色紙來摺紙鶴，都苦笑著說「我自己沒辦法摺出來～」。這些用和紙謹慎仔細摺出來的紙鶴，都經過防水加工處理。它有在接近耳垂下方晃動的短版，也有更能享受晃動感的長版。在顏色和花色上也有豐富的選擇，經典的夾式耳環有4種，耳針式耳環有5種，甚至也有以東京鐵塔、富士山及京都等日本知名景點為主題設計的耳環。雖然它又小又低調，但不管是搭配和服還是洋裝，紙鶴耳環都很合適，我想應該會受到喜愛而經常使用吧。

NO.
062

和紙名片夾

1,800日圓

Business card holders made of Japanese paper

These card holders are made of Etchu Japanese paper made in Toyama prefecture. They are strong but will soften to the hand with use.

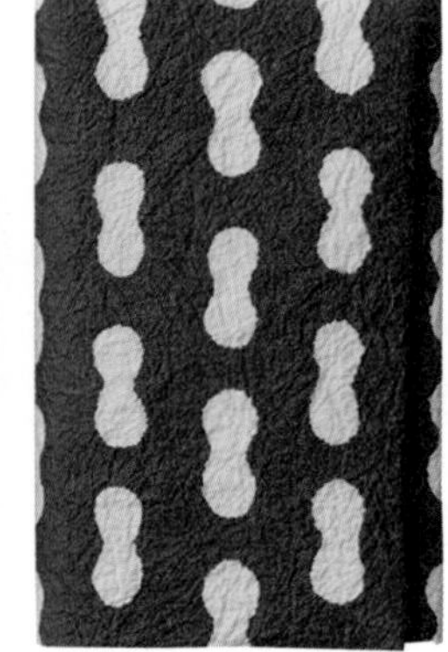

能用在商務場合，並且能夠毫無負擔地送人的伴手禮，就是名片夾了。皮製、木製、布製、金屬製等各種材質都能營造日本印象，其中我特別推薦的是用越中和紙之一的「八尾和紙」所做的名片夾。在粗糙而厚實堅固的和紙上，印刷了各種色彩鮮艷的幾何圖形花樣，紙本身又帶點褪色及皺摺感，視覺上跟觸感上都營造出一種民俗藝品的印象。我想這種獨特的風格，應該能在商務場合中帶來一些良好的調劑。隨著使用，它的紙質會越來越柔軟，手感也會變得更親人。製作這些紙製品的越中八尾，靠近以合掌村聞名的五箇山，這個地區的傳統產業之一就是養蠶業，所以才會有以蠶繭來設計的可愛圖案。八尾和紙的起源，則來自「富山賣藥郎」(譯註)用來包藥的紙。這樣說起來，買了這個名片夾等於一併買了日本文化的談論話題。我和第一次見面的客人閒聊時，經常會從這個名片夾取出一枚名片遞給他，然後說「其實這個東西啊……」，透過這樣的方式來開啟話題。

譯註：日本富山縣在中世紀由於地理位置靠近中國，受中醫影響及藩主推廣，醫藥發達；當時富山的藥商皆背著藥箱外出行醫賣藥，因此得名。

NO. 063

和式裝訂筆記本

大1,500日圓
小600日圓

Notebooks in Japanese style binding

Handmade notebooks by craftsmen in Japanese style binding with beautiful Japanese paper covers.

Oh!

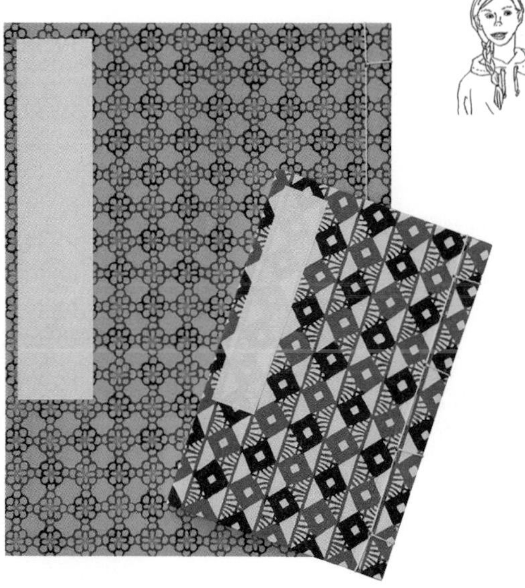

這個商品，不要以為它只是個筆記本就小看它，這是有千年歷史的和式裝訂，由職人一本一本手工製作出來的。和式裝訂技巧誕生於平安時代，在此之前說到文件，都是卷軸或屏風狀的，使用起來相當不便；相對而言用棉線裝訂，不讓書頁四散真是一個大發明。到今天為止，它依然延續傳統，用美麗的封面和棉線裝訂，中間的和紙觸感讓每個摸過的外國客人，都覺得留有日本手工藝的溫度。其中尤其受喜歡手工製品、並且平時沒見過和式裝訂的外國客戶好評。只是，唯恐糟蹋了這本筆記本，經常會聽到客人反映：「我實在好猶豫要寫什麼東西上去，好像會花好多時間在決定要寫什麼！」也對呢，身為日本人我也很能體會這種心情。職人們手工孕育出的有便堂和式裝訂筆記本，分為大小兩種尺寸，花色從暖色系的可愛風格，到綠色或藍色系雅緻細膩的風格，各有好幾種。我覺得帶回國之後，可以把在日本的旅遊回憶記錄在這本筆記本上，或拿來送人也不錯；又或者當作相簿，貼上照片也很棒。

NO.

064 印章

2,600日圓
（含稅）

Personal seals and stamps

Personal seals play an important role in the signing of contracts in Japan. Have a stamp of your own name made, and it will become a special personal gift.

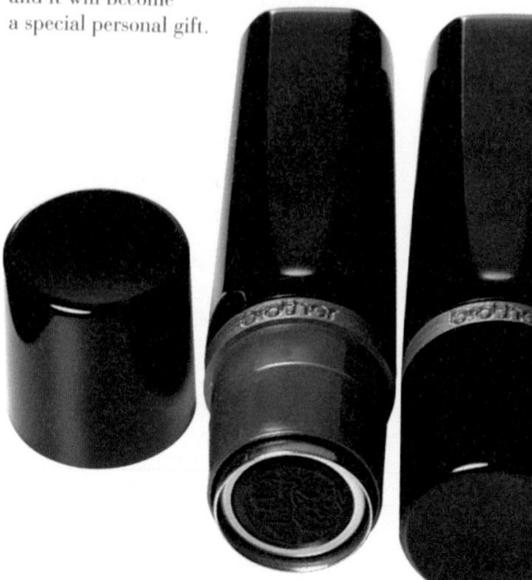

可以搭配
喜歡的圖案，
組合出
「自我風格」
的印章！

在日本，以印章代替簽名，是用來表示自己堅定不移的意志，印章因此而活躍於日本。有在日居住經驗者雖能理解其重要性，但如果不誇張一點、把話說在前頭：「這個在買房子、買車，以及結婚證書上蓋下去了，就不能後悔啦！」似乎客人可能還是會認為印章是可以毫無拘束，到處蓋好玩的。但以「我專屬的伴手禮」而言（以伴手禮來說是非常重要的要素！），倒是個賣點。可以自己選擇字體、材質、大小等等細節，十分有量身訂製感。隨著店家不同，但通常可以在訂購當日完工。當然，如果是商務場合上使用的，就要選擇正經一點的款式比較好，但我頗推薦附上插圖的設計。話說回來，以前我陪國外友人去買印章，對他說：「你選喜歡的圖案就好啦！」然後就離開現場了。30分鐘後回去看到完成品，在「尼爾」這個名字的下方，大大地躺了一隻黑貓以及「拒絕！」的文字，令我當場無力，忍不住問他：「你怎麼選了這個⋯⋯。」所以，陪外國友人一起去選購印章時，以防萬一，還是要用眼角餘光偷偷瞥一下確認才行。

NO.
065

日本畫的顏料

2,600日圓

Pigments for Japanese paintings

Pigments for Japanese paintings are produced from natural minerals.
Japanese colors get their names and shades from nature.
For example, Uguisu-iro is a shade of olive-like green of a wood warbler.

令人意外的是，比起日本畫，日本人反而比較熟悉西洋畫作，很少人知道畫日本畫時使用的畫具──「岩繪具」。日本獨特的岩繪具是以礦物為原料，經多道工序所製成的，外國人對它很有興趣。按份量販賣的專業用顏料可能不太適合作為伴手禮，但以傳統技巧做成的12色套組，應該會受到喜歡畫圖的人歡迎。可以聊聊胡粉色或綠青色這類顏色的名稱由來，進一步引起對方對日本文化的興趣。

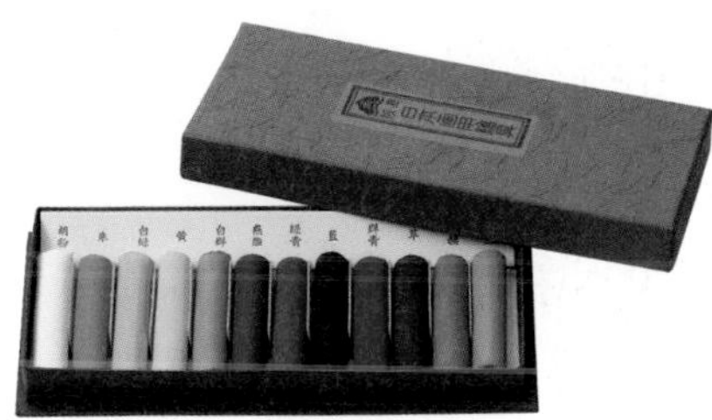

NO.
066

朱印帳

850日圓

Stamp book for collecting seals at temples and shrines

Many people have these notebooks called goshuin-cho stamped and signed at temples and shrines as a record of their visit.
They come in a variety of designs.

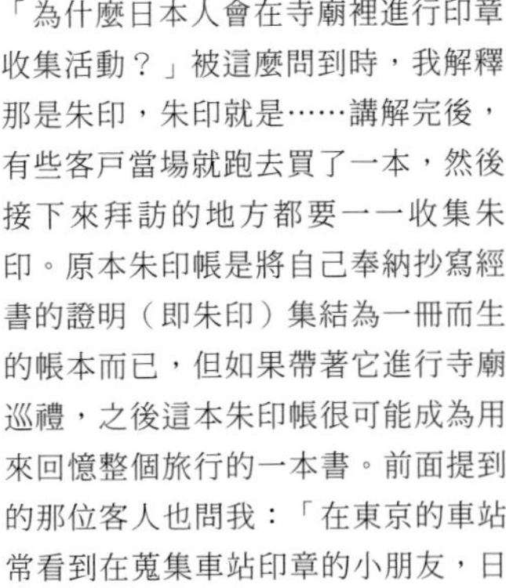

「為什麼日本人會在寺廟裡進行印章收集活動？」被這麼問到時，我解釋那是朱印，朱印就是……講解完後，有些客戶當場就跑去買了一本，然後接下來拜訪的地方都要一一收集朱印。原本朱印帳是將自己奉納抄寫經書的證明（即朱印）集結為一冊而生的帳本而已，但如果帶著它進行寺廟巡禮，之後這本朱印帳很可能成為用來回憶整個旅行的一本書。前面提到的那位客人也問我：「在東京的車站常看到在蒐集車站印章的小朋友，日本人很喜歡收集東西嗎？」……嗯～這兩件事不太一樣啊。

NO.

067

墨筆

500日圓

Calligraphy pens (fude pens)

These pens allow you to enjoy calligraphy without a brush or ink. They give you the feeling and result of writing with a brush.

過去不用說，墨筆是書法仍然浸透現代生活的一種證明，而它也是伴手禮界的超級候補。雖然說想在日本嘗試寫書法的外國人越來越多，但沒人有充足的時間從磨墨跟握筆開始練，因此，無論在何處都能夠模擬寫書法體驗的墨筆便派上用場了。其中最多人想學的是「自己的名字要怎麼用漢字寫出來」，第二想學的是「想用日文寫出喜歡的一句話」，好啦，有了這個想寫什麼就寫什麼吧（當然寫不順就是了）。當我詢問客人們使用墨筆的感覺，似乎都覺得一劃一劃點捺提筆（＝筆的動作）寫起來的感覺很好。這也說明了為什麼日本在日常生活中，如派對時登記客人名字、登記禮金等等，也會用到墨筆。有敏銳的客人發現附「薄墨」筆頭的墨筆，就來問我為什麼這隻墨筆的另一端是灰色的；我便將墨筆普及於日本的理由一起說給他聽，使其能理解日本的文化習慣。（譯註）因為墨筆的體積輕巧，因此便利商店也有販賣，在容易購買這方面亦值得給予高分。

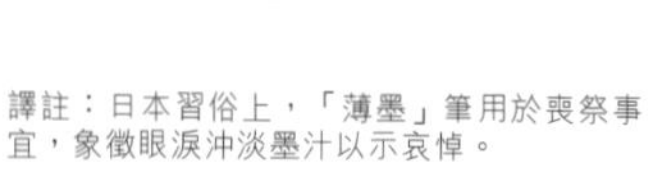
譯註：日本習俗上，「薄墨」筆用於喪祭事宜，象徵眼淚沖淡墨汁以示哀悼。

NO. 068

擦擦筆

600日圓

Frixion Balls (erasable ball-point pens)

The invention of inks that can be erased by heat caused by friction led to the birth of these pens. Offered in a wide variety of colors.

只是逛逛也令人開心的大型文具店總是人滿為患，我經常看到來日本的外國遊客以及疑似外國遊客的人，在文具店手提購物籃選購文具的身影。有次偷偷瞥了一眼購物籃中的商品，裡面居然有大概兩打的擦擦筆！擦擦筆似乎已經成為一部分國家旅客必買的伴手禮，就算是比較不了解相關資訊的國家，也有受歡迎程度上升的跡象。擦擦筆能用附屬的橡膠頭擦掉文字這個優點，似乎廣受各國好評，拯救了世界各地許多在辦公室及學校中有些粗心大意的人們。這個產品剛上市時以黑色為首、只賣單色，現在不但顏色選擇增加，一支筆包含3種顏色的款式，還有螢光筆也登場了，使得「擦得掉所以安心吧！」的系列有更多選擇。販賣擦擦筆系列的PILOT百樂公司在官方網頁上有英文版使用說明，我想在贈送擦擦筆當禮物時，若把網頁上的內容一併列印出來送給對方，會更為親切。順帶一提，伊勢志摩高峰會（譯註）時發給各國記者群的新聞資料袋也附了擦擦筆，可說是日本政府掛保證的伴手禮國家代表了。

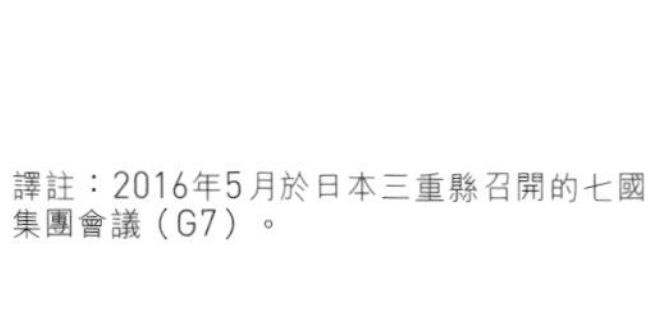

譯註：2016年5月於日本三重縣召開的七國集團會議（G7）。

NO.
069

十二生肖小物

1,800日圓

Ornament of zodiac animals

The Chinese zodiac is a repeating cycle of twelve years with each year in the cycle represented by an animal.
The Japanese have a custom of displaying an ornament of the animal of the year.
Why not get a set of these animals as a memento?

到了神社，我就經常被問到：「我的動物代表標誌是什麼？」很多人都知道以日本為首，亞洲一部分國家會以十二年為一個週期，並以干支標記，所以很多人在買伴手禮的時候，就會要求買屬於自己干支的小東西，比如說非常輕巧的紙製品，或者在過年時節才會出現的小小陶瓷製品。說到這裡，有些直覺優秀的客人會問：「難道說被問『你的動物年是什麼？』其實是在確認對方的年紀嗎？」沒錯，在日本干支和年齡的確是綁在一起，很難蒙混過去的。

NO.
070

木芥子

左2,500日圓
右3,200日圓

Wooden Kokeshi dolls

These simple wooden dolls started out as souvenirs from hot springs in Tohoku.
Today many regions offer their own style of kokeshi dolls with varied expressions and forms.

有時我會收到客戶要求，希望能買到具有日本風格的人偶，但陶製的博多人偶太纖細難照顧了，要將它帶回國實在令人猶豫。這時，我會推薦木芥子。在江戶末期，從東北地區的溫泉伴手禮中孕育而出的木芥子，包含「鳴子」、「土湯」、「遠刈田」這三大發祥地在內共有10條發展系統，臉、髮型或身體的花紋都各有特色，大小也有很多種。我經常會碰到外國的木芥子收藏家，這樣的人有時會想買50cm大的木芥子回去，結果變得比帶博多人偶回去更麻煩，令人擔心。

NO.
071
龍村美術織物的包包掛勾
1,500日圓

Bag hanger with brocade by Tatsumura
Gorgeous brocades woven over 1,000 years ago have been restored by Tatsumura.
A small piece of this beautiful brocade adorns a handbag hanger.

說到日本布料，也許大家會想到和服布料，但以藝術品而言，龍村美術織物的布料才是名列前茅。它不只是織物，葡萄唐草文錦、花鳥梅花文錦、天平段文等等，這樣的錦緞光看漢字排列出來的名稱，就能窺見其華麗程度。它的起源可追溯至正倉院時代。說到「錦」，會想到「錦上添花」、「錦鯉」這些詞語，可見「錦」象徵的就是豪華富麗，就算面積很小，也很有存在感。作為伴手禮，我推薦以此布料做的包包掛勾，根據布料使用的部分不同，每一個的花紋都不一樣，可依照使用包包掛鉤的主人印象來選擇，是樂趣所在。

NO.
072
附豪華水引的禮金袋
2,700日圓

Decorative envelopes for gift money
These envelopes are used to wrap gift money for weddings and other celebrations.
The ceremonial cords have many variations from simple to gorgeous.

贈送金錢用的禮金袋本身，就有很多可以說是藝術品的部分存在。看到編織立體、豪華絢爛的水引，也有客人一針見血地說：「這樣的話，包得太少反而會讓人失望，我還是把它拿來當信封用吧。」

NO.

073

牛仔褲

包包3,200日圓
牛仔褲28,000日圓

Jeans made in Okayama

Jeans made with traditional indigo dyeing techniques are highly recommended as gifts from Okayama prefecture. You can enjoy various shades as they fade with use.

以1960年代開始在岡山興盛的加工技術為後盾，日本製的牛仔褲越來越受人歡迎。牛仔褲用的據說是奈良時代就有的日本染料藍（indigo），歷經長久的歷史培養出的染色感性，創造出日本獨特的藍色，而受到世界矚目。很適合當作伴手禮，把日本製的牛仔褲送給想要體驗這跟牛仔褲發源地美國的製品之間有什麼差異的人。當然不只有褲子，也有其他比如夾克或托特包等使用丹寧布料的商品。

NO.

074

今治毛巾・歌舞伎花樣的面具毛巾

面巾各色2,000日圓
面具毛巾1,500日圓

Towels made in Imabari and towel masks designed with Kabuki face paint

Towels made in Imabari, Ehime prefecture are known for their excellent dyeing and weaving techniques. We recommend unique face masks warmed in the microwave and used for relaxation.

今治毛巾是活用從富裕的大自然中培養出來的染織技術。雖說全世界都買得到毛巾，但因為它觸感好、吸水性強，是特別優秀的商品，也是我非常希望客人買來當伴手禮帶回去使用的日本製品。除了一般的浴巾或手巾，還有嬰兒用品及容易擰乾的面具毛巾，這個毛巾材質的面具在冬天可以微波加熱，夏天可以冰鎮起來，放在臉上，一年四季都可以增強保養效果。如果要作為伴手禮，推薦可選擇齊備各種歌舞伎角色妝容的款式。

NO.
075

足袋襪

各500日圓

Tabi socks

These socks are shaped like tabi, the traditional Japanese socks worn with sandals, with a split between the big toe and other toes. Gives you stability as you can naturally put your weight on your toes.

雖說五指襪非常受歡迎，但最近足袋襪的粉絲也逐漸增加。足袋襪就是把腳趾分成兩部分，大拇指與其它腳趾分開。正如其名，其原型來自於穿和服時腳上穿的足袋，但足袋襪在沒穿過足袋的人之中也很受歡迎。詢問其理由，有人說是因為它讓人走路時腳趾用力，並給予腳趾根部刺激，感覺很舒服。這些感想從科學角度看來也非常正確，且據說還有防止拇指外翻的效果。足袋襪令人從腳保持健康，也是時髦的產品，是日本才會有的伴手禮。

NO.
076

和風化妝品

繭之玉／蒟蒻海綿各700日圓
胡粉指甲油1,204日圓～

Cosmetics made from Japanese materials

Cocoons, konnyaku starch, powdered seashells, and other natural materials from Japan are used to produce cosmetics that are gentle to your body.

使用日本天然素材的化妝品也是很好的伴手禮選擇，比如說Makanai化妝品推出的繭之玉或蒟蒻海綿，這兩個都是去角質的商品。其他我還推薦上羽絵惣的「鶯綠」、「桃花色」等，具有美麗日本顏色的胡粉指甲油。

NO.
077

根付

500日圓

Netsuke charms

Netsuke charms are miniature carvings originally used as attachments to the cord of wallets and pouches and secured onto the obi sash. They are very popular for their intricate artwork.

根付（譯註）有許多國際性的收藏家，上野國立博物館也把它作為貴重展品收藏。本以為根付只單純用來固定繩結，但看了價格，尤其是以象牙等材料做的製品，讓我嚇到腿軟。伴手禮無須買到這樣的等級，選擇價格容易入手、尤其建議穿掛吊繩做成手機吊飾的款式，也就很合適了。雖是小東西仍做得格外精巧，透過根付這項充滿藝術性的商品，能感受到日本精細工藝的風範。主題從可愛小動物到有點恐怖的「能面」都有，選擇很多。

譯註：因為和服沒有口袋，很多隨身物品都要用編繩吊掛在身上以防丟失，根付是掛在繩結末端，用來固定垂掛物的小雕刻飾品。

NO.
078

Hello Kitty商品

手巾600日圓
襪子（3雙）1,000日圓
手機吊飾500日圓

Hello Kitty products

Local Kitty products will tell you the famous sites and products of the area wherever you travel in Japan.

如今，Hello Kitty出現在世界各國的電視上說著當地語言；在日本，則是看到Hello Kitty，就會知道當地名產為何，去哪裡都有相關商品，種類繁多。從「睡魔祭Kitty」到「信洲蘋果Kitty」，在東京羽田機場或SKYTREE也都有「阿寅Kitty」。最常看到的商品是手機吊飾、貼紙、襪子等小東西，用它取代名片來介紹自己家鄉才有的東西，並送給別人我覺得很不錯。因為在Sanrio專賣店買東西時，用來裝商品的包裝袋非常可愛，似乎很多人來買禮物最後卻捨不得送出去了。

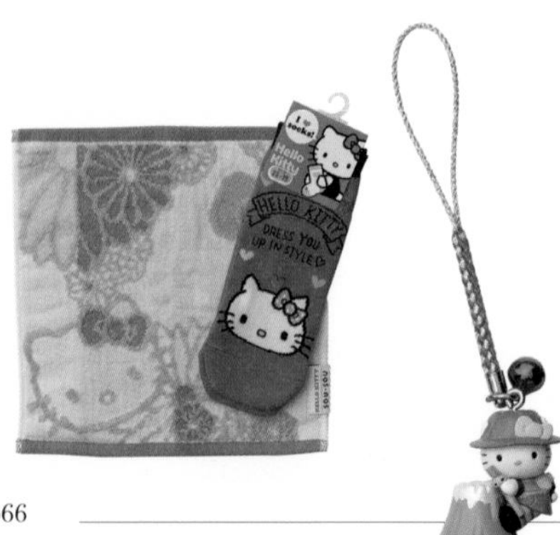

NO.

079

紅豆麵包手機吊飾

500日圓

Phone strap with miniature an-pan

An-pan was born by filling western buns with sweet Japanese bean paste. It now adorns a strap, and you can take a peek at the bean paste too.

據說在日本，吃麵包這件事是由織田信長最先咬下第一口的。三百年後，現存最早的麵包烘焙店「木村家總本店」於明治2年開始營業，紅豆麵包便從此時開始面世。當我把日本的歷史說給客人們聽，其中提到「在日本有所謂文明開化的七樣道具，就是瓦斯燈、新聞社、郵局……最後是紅豆麵包」時，客人們都會問：「那是什麼東西？」當然，麵包本身是從國外輸入日本的文化，但將甜甜的紅豆泥包進麵包的點子，在當時是個劃時代的發明。紅豆內餡本身會受歡迎不意外，但是用釀酒酵母做出來的麵包體，既濕潤又帶著一點甜味，這也受到世人大大讚揚。但是，好不容易了解了紅豆麵包，卻又不可能把它帶回母國，作為替代品，有人就會買紅豆麵包的手機吊飾回家。把它剝開來，可以看到比真正的紅豆麵包還好吃（？）的紅豆泥，滿滿地填在其中，看起來真是好吃極了。

NO.
080

暖簾

7,200日圓

Noren (shop curtains)

Noren hung outside the doorway of a shop shows that it is open. In homes they are used as partitions or just as a decoration.

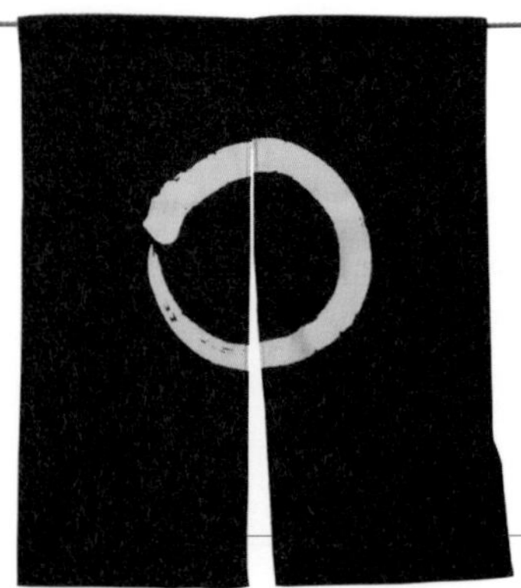

在炸豬排店吃完飯後，客人無意中環視了一下說：「那個窗簾，有時候放在外面，有時候放在店裡面，有什麼意義存在嗎？」當我回答：「放在外面代表店家正在營業中，放在店裡代表正在準備中，是一種標誌。」對方便會感嘆「原來如此，真是實用啊。」這個暖簾，最近越來越多人買來作為分割空間的日式室內擺飾品。你可以選購使用藍染之類的自然風格產品；有時間的話，像歌舞伎演員的休息室般，訂製一枚寫上名字比如「馬汀先生用」的商品來送人，也是不錯的選擇。

NO.
081

酒商的圍裙

1,200日圓

Traditional aprons of liquor shops

Traditional indigo aprons bear the names of sake brands and shops. Share the cool frankness of those shop men.

到有歷史的酒商店家，那邊的中年大叔都圍著深藍色的圍裙，有些人看到，也會想買回家穿。基本上圍裙上都會印著店名和酒窖的名稱，但有時也會寫著比如「念書第一」之類謎一樣的文字。好啦，我想也是有那樣寫的樂趣吧。

NO. 082

砂糖醃漬柚子皮

900日圓

Candied Yuzu (Japanese citrus) peels

Yuzu is a popular Japanese citrus used in winter dishes.
Candied yuzu peels can be enjoyed by themselves as a snack or added to black tea.

宗家源吉兆庵有一項和菓子「とこよ」（tokoyo），是以柚子皮做成的水果甜點。在日本神話故事中，「とこよ（＝常世）」的意思是「海洋另一邊的理想國度」，因為那邊似乎有柑橘類的橘子果實。柚子也是柑橘類的一種，從外國人的角度來看，跨越大海來到遙遠東方的日本，出現了像橘子般的柚子，不就是這樣嗎。使用砂糖來醃漬水果，這在歐洲國家稀鬆平常，用各種水果都可以，但用柚子做的，只在日本才有。曾有買回母國的客人說：「這個直接吃也好吃，跟紅茶很搭配，但還是跟綠茶最合拍。」放進美麗的日本畫盒子中，一盒只要不到1,000日圓，既便宜又能久放，可以長久享用日本的味道。對日本人來說，柚子是宣告冬季到來的特殊水果，除了食用，還會放進浴缸享受它的香氣，是寒冬生活的一部分。但如果將它作為伴手禮，並提到「會把柚子放進浴缸」這件事，對方可能誤會而將這甜點灑進洗澡水中……所以要記得說明清楚，尤其它的外觀也有點像是浴鹽。

NO. 083

日本威士忌

從左到右320日圓　840日圓　730日圓
（建議零售價格）

Japanese whisky

Fine whisky produced from
Japan's excellent water
in many locations is very popular
around the world.
Whiskys made by Nikka
and Suntory are especially famous.

過去說到日本的酒精飲料，大部分指的是清酒（日本酒），但最近突然（而且熱烈地）有很多人提出絕對要買回家的酒是威士忌。許多人以望向遠方的目光，小小聲地說好想去NIKKA（北海道）、白州（山梨縣）、山崎（大阪府）等知名的威士忌蒸餾所。「余市是不是就是拍電視劇（指晨間劇）的那個地方？」（譯註）有人這麼問我，讓我嚇了一跳，居然知道得這麼詳盡！「無論如何，我都想要買到25年窖藏的威士忌！」如此強烈盼望的，以男性佔絕大多數。我對他們說，因為很重，所以買一瓶就好了吧。沒想到馬上就被回以「不不不，我為了這趟旅行特地鍛練好身體才來的，沒關係」，或是「只要多買幾瓶，把行李箱裝滿就不怕危險啦」（完全就是狡辯……）之類無法理解的理由。就在他們的太太或女性旅伴驚愕的表情中，許多人真的買了好幾瓶。因為它「好重！好貴！好容易摔破！」齊備了三重負面要素，如果想要迴避風險，其實買50ml大小的作為伴手禮也不錯？其中三得利威士忌「響」的酒瓶設計很棒，就算小小一瓶也絕不含糊，值得推薦。

譯註：這裡提到的晨間劇指的是NHK於2014年播出的《阿政與愛莉》（マッサン）。

NO.

084

梅酒

1,200日圓

Plum wine (ume-shu)

Sweet plum wine is excellent as an apéritif. Its smoothness is favored by women.

梅干在外國客人間不受歡迎，但同樣是梅子，梅酒就很受歡迎。即使是喝不習慣日本酒的人，喝甜甜的梅酒就沒問題了，它就是這樣受到好評。從只有一杯的量，到像洋酒一樣用漂亮的瓶子裝起來的商品，各式各樣供人選擇。要送人的話，選購放入金箔的箔梅酒如何？可以看金箔在那200ml的梅酒之海裡發光、浮沉……有客人曾說：「就像雪花水晶球一樣，可以一直盯著看都不厭煩～」不不不，建議還是快把它喝掉吧，梅酒本身是非常美味的！

NO.

085

日本紅酒

左2,160日圓
右2,484日圓
（含稅・參考價格）

Japanese wine

Wine made from ancient Japanese Koshu grapes from Yamanashi is very famous. Wine is now being produced in many regions including Yamanashi, Nagano, and Yamagata.

過去我在客人吃飯的時候問：「要不要配點日本紅酒？」收到的回應都十分冷淡，但自從數年前有歷史的「甲州葡萄」做的紅酒在國際競賽上獲獎以來，日本紅酒一躍站上受人矚目的舞台，成為比起清酒、威士忌較為稀有的伴手禮選項。

Foods

NO. 086

魟魚鰭乾

Dried ray fin

Dried ray fins are seasoned and produced as chips. Pass them lightly over a flame, and they become a perfect accompaniment for sake.

在國外說到乾的下酒菜，只會想到洋芋片、堅果、薩拉米腸等；在日本，則會加上各種海鮮類食品，比如魷魚絲、起司鱈魚，以及魟魚鰭乾。也許你會覺得魟魚鰭乾是個不起眼的伴手禮，但其實它非常受到好評。外國的朋友對我說，他最懷念的日本回憶，是在居酒屋裡烤著下酒菜，一邊漫無邊際地聊天，那魟魚鰭乾被烤到有點焦焦的，正是好吃的時候。甜甜鹹鹹的魟魚鰭乾，沾上一點美乃滋似乎對外國客人來說也非常合口味，擅於吃日本食品的專家，還會再灑上一些七味粉。我想特別對於來自喜歡喝啤酒的國家的人，更是受歡迎的伴手禮。這邊有個有趣的說法，是某次在店裡烤著魟魚鰭乾時，某位客人說的：「魟魚鰭乾這東西，是最適合關係處於尷尬時期的人們來吃的。」嗯？也許正是如此。就在炭火劈啪聲、魟魚鰭乾跳躍的聲音中度過沉默的時間，暫時沒有話題可說時，默默地專心分開魟魚鰭乾就好……面臨困難的交涉關頭，我也會提議去吃烤魟魚鰭乾。

NO. 087

海苔

1,000日圓

Nori (dried laver)

You can make rolled sushi with nori, or just munch on them as a snack. Seasoned types are ready to eat.

Crispy!

在國外，壽司捲稱為Roll或者Maki，現在已經無人不知無人不曉，外國客人們對於吃海苔也不會有任何抵抗。但我過去也曾經遇到客人訝異地對我說：「什麼？叫我吃這個黑黑的紙嗎？」最近很多人在來日本前，都看了描寫著名壽司店的電影《壽司之神》（*Jiro Dreams of Sushi*），經常對我表示想要買正統的回國。但他們說到海苔，認知上都以為只是用來捲壽司用的，我告訴他們海苔也會用在「日本速食」、即飯糰和味噌湯裡作為配料後，他們回國開壽司派對時，就有機會把海苔用在各種不同的地方了。此外，海苔不只可以用來料理，最近常出現作為啤酒跟清酒的下酒菜，名為「下酒海苔」的商品。梅子、山葵之類跟海苔很搭的口味也有很多，可以在送人日本酒的時候一併送給對方，我覺得這是很體貼的做法。這些海苔都會放在容易攜帶的小罐子裡，當送禮的對象是個美食家時，這是個不用想太多的好禮物。

冷凍乾燥味噌湯

各100日圓

Freeze-dried miso soup

Just put the contents into a cup
and pour hot water over it,
and your miso soup will be ready.
Lineups range from those with
vegetables to those with seafood.

過去有個第一次喝的客人說：「嗯，看起來就像泥巴水一樣……不過還滿好喝的。」真是殘酷的評語，可憐的味噌湯。不過，如今「Miso soup」也漸漸在世界上佔有一席之地了。我們先不談外觀，畢竟它是充滿鮮味（umami）的高湯，與發酵食品界的明星——味噌，所組成的強力攻擊組合。但是熬了高湯、煮了食材、最後把味噌溶進湯裡這樣從頭開始做，就算是對日本人來說，也會感到有點麻煩。但如果是冷凍乾燥味噌湯就可以解決這個問題了。雖說是沖泡式的，但味道跟親手煮的味噌湯很接近，且不說別的光是輕巧度，就伴手禮而言便有非常大的魅力。天野食品公司出的「平常的味噌湯」系列，主要商品就有10種以上，可以選擇對方可能會喜歡的食材，回國後當懷念起日本的味道時，就可以拿出來泡給對方喝。但如果送禮的對象先發制人地說：「真是尊敬那種每天都花功夫煮味噌湯的人啊！」那真會有種微妙的咬牙切齒感，也只能說：「嗯，也是啦……。」與其介紹太多，不如早點告訴對方冷凍乾燥湯的好處。

NO.
089

高湯包

500日圓

Packs of dashi broth

Basic ingredients for making
Japanese dashi broth in sachets.
Just add miso to the dashi,
and your miso soup will be ready.

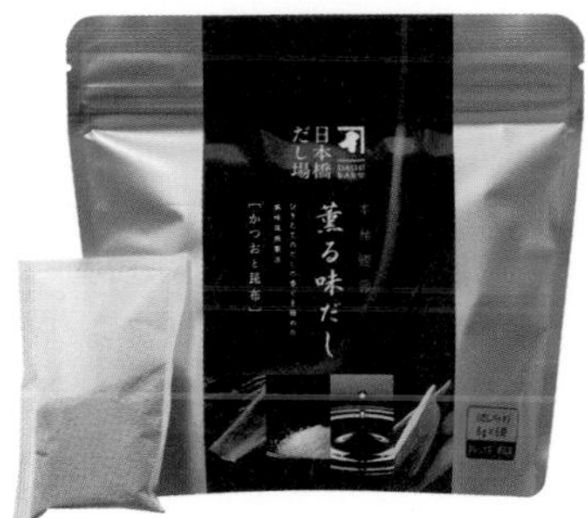

有時候我也會借用料理教室的場地，跟客人一起做日本的家庭料理。此時一定會示範給他們看的，就是最基本的熬高湯方式。他們聞過剛做好的高湯香氣，就會說：「哇～我也想在家裡試試看！」但結束之後，仍有人會小小聲地說：「可是這真的……有點麻煩。」的確，就算是日本人，從早工作到晚還要每天從熬高湯開始做的話，大概3天就撐不下去了。而能解決這個「麻煩」困擾的高湯包，可以忠實再現在日本品嚐到的高湯味道，可說是優秀的伴手禮。

NO.
090

乾燥香菇

1,300日圓

Dried shiitake (black mushroom)

Soak the dried shiitake
in water before use.
The remaining water is also
used for cooking
as good dashi broth.

某個喜歡做菜的客人，看到過去從未見過的大型乾燥香菇，眼睛都睜大了。了解到它只需用水泡發，就能用於熬高湯之類的許多好處後，立刻就買了。如果要作為伴手禮，我想買已經切好的乾燥香菇會比較方便使用。

NO.

091

新鮮山葵軟管包裝

220日圓

Wasabi paste tubes

Made from real wasabi,
the paste offers the tanginess
almost like fresh wasabi.

雖說山葵的味道本身已普及世界，但第一次看到真正的山葵，明知不可能還是會認真煩惱「到底該怎麼把生鮮的山葵帶回去……」的人令人驚訝地多。大家都喜歡那種刺激的味道呢……但攜帶生鮮回國還是不可行的。既然都來到日本了，那就該買，只要選擇買使用真正的山葵做成的軟管包裝，這就可以帶回國了。根據製造商表示，這一條只要數百日幣而且保存期限很長，也不太佔空間，如果你要送的對象是山葵愛好者，可以一次買很多條給他。

NO.

092

柚子胡椒

700日圓

Yuzukosho (yuzu citrus and chili paste)

Spicy paste made from yuzu peel,
hot pepper, and salt.
Features a fresh spiciness,
and goes well with chicken dishes.

在寒冷的季節中來到日本，邂逅的第一個香味，柚子必定是其中之一。無論是烤的、涼拌的、還是清湯裡面，都可以聞見它的味道，可說是日本香味的代表，風靡許多外國客人。而調味料之中用到柚子的，就是九州名產——柚子胡椒。雖說是胡椒，但事實上是用柚子皮加上鹽、唐辛子所製成。因為跟山葵的顏色很像，所以常有人問：「這是山葵嗎？」但大多數人稍微嚐過之後，就會知道兩者完全不一樣，而且味道真好！如果廚房裡能燒烤，或者灑在魚上一起吃，就能令人回想起日本的冬天。

NO.
093

七味唐辛子

葫蘆容器1,400日圓
七味唐辛子本身500日圓

Shichimi (spice mix with red chili pepper)

Spice mix of seven ingredients including red chili pepper, sesame seeds, and Japanese pepper. Adds a distinctive flavor to any dish including meat, fish, and noodles.

我切身感受到許多外國客人都愛吃辣，跟他們一起吃飯時，只要在桌上見到七味粉，他們灑的方式都不是輕輕地搖，而是重重地往下灑，看得我都嚇傻了。所謂的「七味」，不單單指辣味，而是由陳皮（橘子皮）、芝麻、山椒、罌粟籽等複雜的風味混合而成，才能成就它的美味。直接買調製好的也可以，但如果有到淺草的「やげん堀」（yagenbori），可以當場按期望，調和成喜歡的味道，打造「自己的香料」，成為一個特別的伴手禮。把香料放進木製的葫蘆型容器裡，更具日本風格。

NO.
094

生魚片醬油

237日圓

Soy sauce for sashimi

Soy sauce for sashimi is a bit stronger and has a deeper flavor than regular soy sauce which makes the taste of sashimi stand out.

對外國客人說「Soy sauce」，對方馬上就可以想到醬油。但這麼有名的醬油，其實也有比如吃生魚片用的各種類別，外國客人則大多不太了解。可以買吃壽司用的生魚片醬油，送給喜愛吃日本料理的人作為伴手禮。

NO.
095

品牌米

350日圓

Branded rice

Highly reputed rice brands are offered in small packages for tasting. Their cube packaging makes them easy to carry.

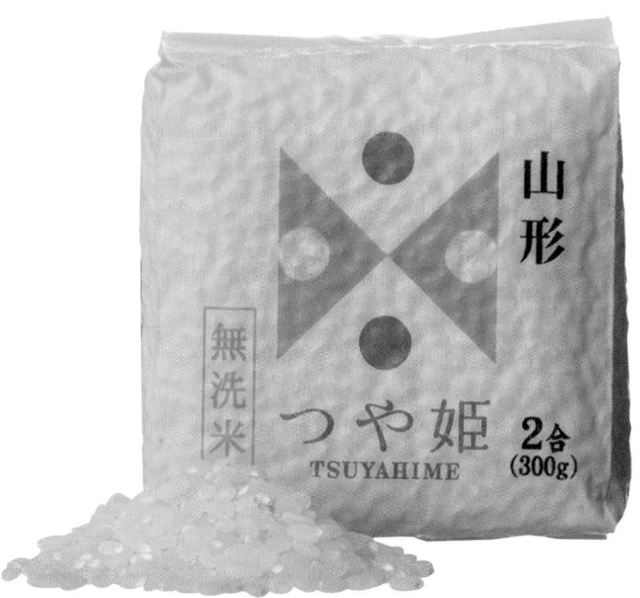

對於熱愛壽司，又會做菜的人而言，來日本就是要買最棒的米回去啊！基於這樣的想法，就有人會問我：「我只想買大概一公斤的米回去，請問有沒有推薦的？」當然米在超市就買得到，但如果造訪產米縣市的農產品店，便可以少量購買當地引以為傲的米品，非常方便。比如說，山形縣的農產品店裡有賣「つや姫」300g（2合）的米，包裝成骰子一樣的固體形狀，就非常適合攜帶以及運輸。我也曾贈送給客人：「這可以先當室內擺飾使用，等吃完了，歡迎再來日本玩。」

NO.
096

烤雞罐頭

各種160日圓
（建議零售價格）

Yakitori cans

Yakitori or grilled chicken is
a standard dish at any Japanese
izakaya (drinking place).
Take them home in cans.
Many flavors are offered including
sweetened soy sauce,
salty sauce, and hot pepper.

繼壽司、生魚片之後，烤雞串燒也成為不需要翻譯，外國人就能理解的詞語了。當回憶起交流道下的烤雞串燒店，在煙霧瀰漫中，雞肉被烤得汁液橫流、不斷往下滴落……若真的很想再次回味，我想就可以用上烤雞罐頭伴手禮了。從一定會有的烤肉醬口味，到鹽味、極辣味等，種類豐富。簡約的大小，就算一次買兩、三個也沒什麼負擔。雖然最近市面上出現很多漂亮的下酒菜罐頭，令人目眩神迷，但說到要買來當伴手禮，毫無疑問就是烤雞罐頭！

NO.
097

咖哩塊

上308日圓　下194日圓
（皆為建議零售價格）

Cubes of curry sauce

Packages for making Japanese
curry sauce which is less spicy than
curry from other countries.
Enjoy making Japanese curry
with ease at home.

若問外國客人到日本想吃什麼，就是壽司、涮涮鍋、壽喜燒等固定班底；如果是B級美食，那就是拉麵、咖哩、大阪燒等等。而在這之中有一樣料理，客人們過去以為他們知道吃的是什麼，但吃了之後，感覺卻像是吃了完全不一樣的東西── 就是咖哩。即使是習慣吃充滿辛辣香料味、清爽的印度咖哩的客人，吃了濃稠而圓潤的日本咖哩，也會覺得好吃。由於這在家中也做得出來，所以送咖哩塊給喜好日式咖哩的人時，附上翻譯過的簡單食譜，應該會讓對方更高興。而且送咖哩塊，就不用擔心行李箱已經沒什麼空間放伴手禮了。

NO. 098

芝麻沙拉醬

993日圓
（含稅）

Goma (sesame) dressing

Enjoy the rich sesame flavor, somewhat like the rich creaminess of Caesar dressing. Delicious with steamed dishes as well as salads.

關於經常在日本料理中登場的芝麻，曾有客人這麼對我說：「它真是給人一種東方的印象呢！」的確，不僅是日本料理，芝麻在中華料理中的擔擔麵和芝麻湯圓，以及其他亞洲菜中也經常露面。在這許多芝麻產品之中最受外國客人喜愛的，就是以濃厚程度為賣點的芝麻沙拉醬。明明滿重的，他們在超市卻會一口氣買好幾種回去。作為伴手禮，我推薦非玻璃瓶裝、輕一些的塑膠瓶裝為佳；為了避免溢出，還是要用氣泡紙好好地包裝起來比較好。推薦百貨公司地下室知名日本料理店出品的芝麻沙拉醬。

NO. 099

蕎麥茶

Buckwheat tea (soba-cha)

Buckwheat is made into soba noodles, but buckwheat can also be roasted and served as soba tea.
They are healthy and caffeine-free.

來日本的客人有機會喝到的茶中，僅次於綠茶、抹茶、焙茶的，就是在蕎麥麵店喝到的蕎麥茶了。它的茶湯顏色跟綠茶有點不一樣，入口後則是跟預期完全不同的味道，經常令客人睜大眼睛詢問：「這到底是什麼東西？」蕎麥茶比焙茶更具香氣，又低咖啡因，很多人都說他們正是喜歡這一點。當我告訴他們，這是用剛剛吃過的蕎麥麵使用的蕎麥泡出來的茶，大家都對日本居然會用茶葉以外的東西來泡茶感到意外。蕎麥茶茶包會擺在蕎麥麵店的結帳櫃檯前販賣，如果有看到的話就快買吧！這是給熱愛喝茶者的一記伴手禮變化球。

NO.
100

男梅

開放價格

Oh!

Plum candies and snacks

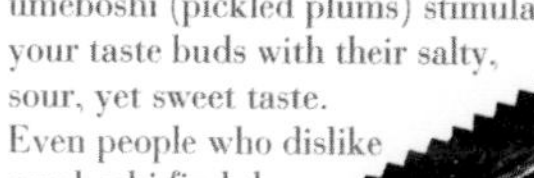

Candies and snacks derived from umeboshi (pickled plums) stimulate your taste buds with their salty, sour, yet sweet taste. Even people who dislike umeboshi find these snacks hard to resist.

也許你會覺得像男梅這樣吃起來又鹹又甜，將兩種完全相反的味覺融合為一的食物很少見，但其實在北歐地區，有種受歡迎的食物也是如此，它的名字叫「甘草糖」（對，就是中藥常用的那個甘草）。因為知道日本人不太喜歡它的味道，所以很多北歐人會特地帶在身上，當成一種「嚇人伴手禮」來送人。對北歐客人來說，男梅跟他們喜愛的甘草糖味道很像，讓鹹味跟甜味混在一起真是不可思議，因此受到歡迎。大部分客人都不太喜歡梅乾的味道，但卻喜歡男梅，大概是因為它的酸味比較不明顯吧。這個男梅，一開始是做成糖果販售，後來也出了片狀的、軟糖、薄紙狀以及果凍等，各式各樣的商品都有。老實說，如果沒有事先調查對方的喜好就直接將男梅送給對方，可說是一種賭博行為，但若知道對方喜歡吃甘草糖，那你一定要試試送這個給他。題外話，有客人很喜歡男梅的形象人物，我曾經被問過有沒有出相關的周邊商品。雖說那張臉，我覺得滿恐怖的啦……（順帶一提，大的那個據說叫男梅藏，小的名為男小藏的樣子）。

NO.

IOI

草莓牛奶糖

200日圓

Strawberry (ichigo) milk candy

This sweet candy is loved by children and adults. The wrappers with strawberry prints are so cute.

身為做糖果、水果糖老店的名作，1970年開始販售的草莓牛奶糖，是日本廣為人知的國民商品。某次我拿這個糖果請客人吃，意外受到許多好評。「不過就是個糖果，每個國家都有的呀？」雖然我一開始是這麼想的，後來仔細思考後才知道，去國外超市的糖果區，糖果商品中有單一的草莓味，但很少會加上牛奶口味；反過來說，國外的糖果又比日本多了許多奶油口味的選擇，外國人確實大多喜歡濃重的牛奶味道。原來如此，我總算能夠理解這個糖果受歡迎的原因了。再加上サクマ製菓的草莓牛奶糖，是用白底的糖果紙印上四處散落的草莓，設計非常可愛，正適合送給有小孩子的家庭作為伴手禮。這個系列除了草莓口味，還有檸檬和抹茶口味，但是以草莓加牛奶的組合最受歡迎，不管誰吃都覺得好吃，如果可以像外國超市的糖果賣場一樣，把草莓牛奶糖堆成一座山，用勺子鏟起來買就好了。但要注意的是，它跟巧克力一樣，不適合帶到炎熱的國家，或者在炎熱的夏天拿來當伴手禮送人。

日本日常見慣的那些東西、
令人懷念從前的那個物品，
居然會是受歡迎的伴手禮！？
不同的國家就有不同的觀察角度。

意外受到歡迎

Unexpectedly popular gifts

NO. 102
|
NO. 139

生活雜貨與食品篇

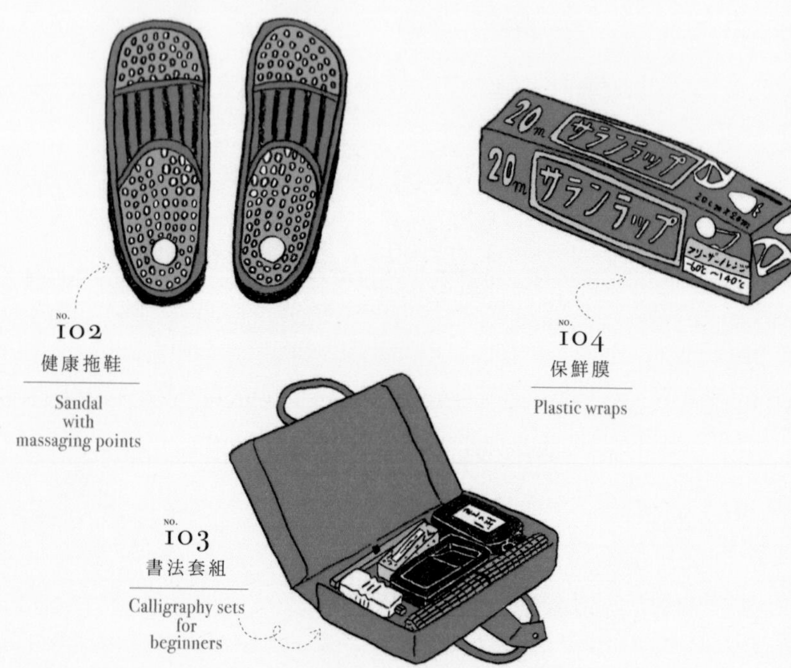

NO. 102
健康拖鞋
Sandal with massaging points

NO. 104
保鮮膜
Plastic wraps

NO. 103
書法套組
Calligraphy sets for beginners

這裡列的都是在我當通譯導遊之前，我從來沒想過，居然會受到來日本的客人們這麼喜愛的伴手禮，所以取名為「意外受到歡迎」系列。以下，我們就來說說有哪些吧。

意外受到歡迎的生活雜貨中，有一個是健康拖鞋，就是那個鞋底會有許多密集凸起的拖鞋。一開始我以為外國客戶試穿時一定會覺得很痛，但意外的，據說他們都覺得「好舒服～」。如果要送人，與其選擇那種學校老師會在學校裡穿的咖啡色拖鞋，不如選擇比較有型的設計會好些。接著是書法套組，很多人在日本旅遊期間體驗了寫書法，想要回家再多寫一點，於是就有很多人會購買裡面放了筆、墊子、紙鎮等，一應俱全的小學生用的書法初學套組。但其中硯台是容易摔破的東西，所以帶回家的時候要小心。廚房用品中的保鮮膜，日

本製的好切又好黏，據客人們說用過一次就回不去了，大大的讚賞。

接著，就是從以前開始就有一定購買基本盤的電鍋。從電壓到以外國語寫成的使用說明書，專門設計給外國客人使用的型號很多。電鍋不只有用來煮飯而已，據我芬蘭的客戶說，他們在做傳統的卡累利阿派（Karjalanpiirakka）（譯註）時，其中的餡料粥（包進去的食材）就是用電鍋煮的。

至於食物類的伴手禮，就是泡麵、海帶湯、發酵米糠。以泡麵來說，「出前一丁」已經在日本以外的國家文化生根了，但不管是拉麵還是烏龍麵，在重現新鮮麵條口感的程度上，據說還是日本製的最好。我也聽到有人說，這些泡麵是他們下次來日本吃真正的拉麵烏龍麵之前，用以續命（？）而買的。

譯註：卡累利阿（Kareliya）位於芬蘭東邊，卡累利阿派為此地區習慣吃的橢圓形派，派皮以黑麥麵粉揉製，內餡則包入用牛奶煮熟的白米或馬鈴薯泥，刷上一層奶油後烘烤而成。

生活雜貨與食品篇

NO. 109
卡通便當食譜
Recipe book for making cute bentos (lunches)

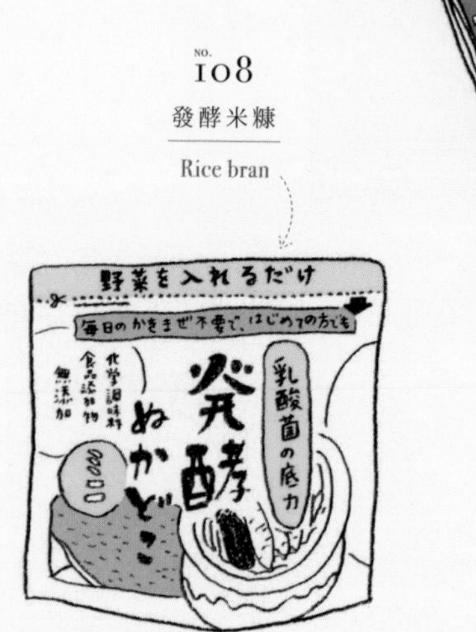

NO. 108
發酵米糠
Rice bran

另一方面，海帶湯則是因為自己的國家沒有這個味道，所以才買的。

看到發酵米糠，大家一定會覺得「買這個到底要幹嘛」吧。有些人愛上了米糠醬菜的味道，想要回國後也自己挑戰醃漬，因此才買的。（但真的沒問題吧……）

另外還有喔～有人會把比如在咖哩海中游泳的熊，或是用煎蛋做棉被給熊貓蓋等卡通便當食譜，送給想嘗試看看的朋友。國外雖然也有這一類的書，但因為日本的食譜種類更豐富一些，所以大家會想要。

說到日本製，種類豐富的產品就是假睫毛。雖然我完全不懂日本製的好處在哪，不過據一口氣買了十種的歐美年輕人說：「有很多不同的長度跟濃度，種類豐富。」順帶一提，睫毛美容液也是日本製

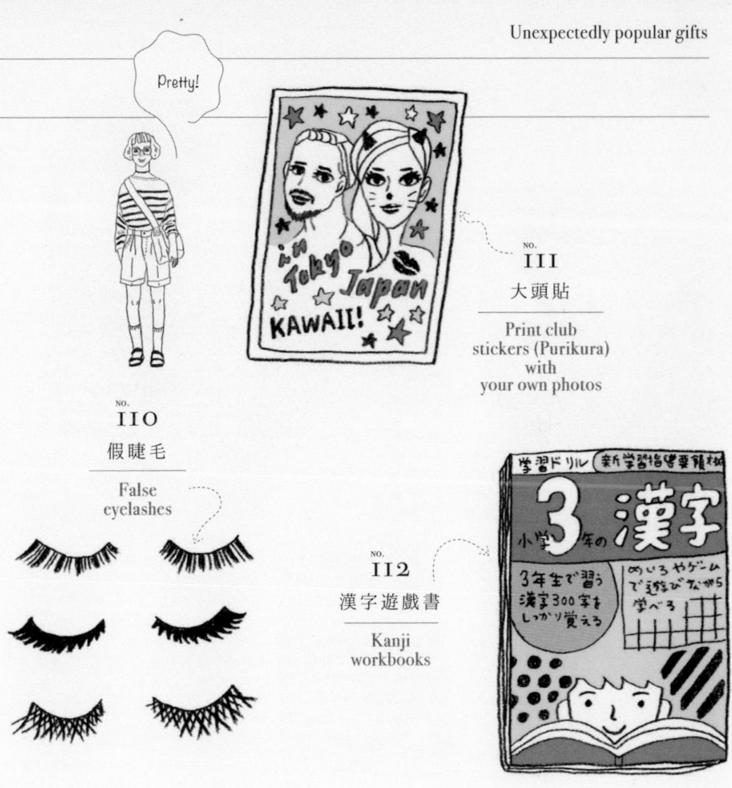

NO. 111
大頭貼
Print club stickers (Purikura) with your own photos

NO. 110
假睫毛
False eyelashes

NO. 112
漢字遊戲書
Kanji workbooks

的，經過嚴格的成分管控，既便宜又安心。而且還可以戴上日本製的假睫毛去拍大頭貼，這又能成為另外一種伴手禮！也是，比起普通地去拍紀念照，更值得紀念了呢。

另外，有些感覺會再來日本玩的人，經常買的伴手禮就是漢字遊戲書。在國外書店的語言學習類別書籍中，雖然也有很多練習漢字的書，但因為日本小學生使用的遊戲書會以學年來做區別，聽說比較容易找到符合自己程度的練習書。也許將它跟日本傳統的練習冊一起送給對方也不錯？

藥妝店篇

NO. 113
蒸氣眼罩

Steam eye masks
(MegRhythm)

NO. 114
加濕口罩

Steam masks
for a sore throat

NO. 115
休足時間

Cooling gel sheets
for
feet and legs

到國外旅遊，我想很多人都會去逛逛當地超市或者市場，對日本人來說除非必要，很少想到要去逛藥局或藥妝店買伴手禮，大多數人都是這麼想的吧？但事實上……外國遊客其實還滿頻繁造訪的。

因為商品上寫的都是日文，就算我解說半天解釋這個是什麼，對方看起來也似懂非懂，但似乎只要聽到「有這個就很方便！」這句話，他們就會買來做伴手禮了。雖說是買來做伴手禮，其實在回國前就已所剩無幾了。詢問後發現，最受歡迎的是蒸氣眼罩。會產生舒適蒸氣的「めぐりズム」眼罩（聽說在回程的飛機上就忍不住拆開本來要分送朋友的份來用了），或是「加濕口罩」等等，的確會做到這種程度的這類商品，就是很像日本才有的伴手禮吧。很多人也會把「休足時間」、「撒隆巴斯」貼在走太久而痠疼的

NO. 116
撒隆巴斯
Pain relief patches (Salonpas)

NO. 118
退熱貼
Cooling gel sheets for fevers

NO. 117
暖暖包
Disposable hand and feet warmers

腿，或者搬行李搬到痠痛的腰上。

因為地理環境的關係而受到喜愛的伴手禮，就是暖暖包。我的客人大多來自寒冷，不，根本不是普通寒冷的北歐國家，當我每次要飛去北歐時都會被要求「幫我買這個來！」，可見暖暖包具有一定的受歡迎程度。本來我以為就像北海道的人已經習慣寒冬一樣，北歐人的保暖策略也一定做到百分之一百二十了，不需要暖暖包了吧？沒想到居然會這樣！他們似乎覺得能放進鞋子裡的類型很方便。

既然說到暖心的伴手禮，也有降溫的好伴手禮。「退熱貼」基本上是發燒的時候用的，但因為「好涼快」這個超級理所當然的原因，很多人在盛夏的東京也會把它貼在額頭上。（但事關外觀問題，我還是會提醒他們一下。）

藥妝店篇

NO.
120
保濕面紙

Lotion facial tissues

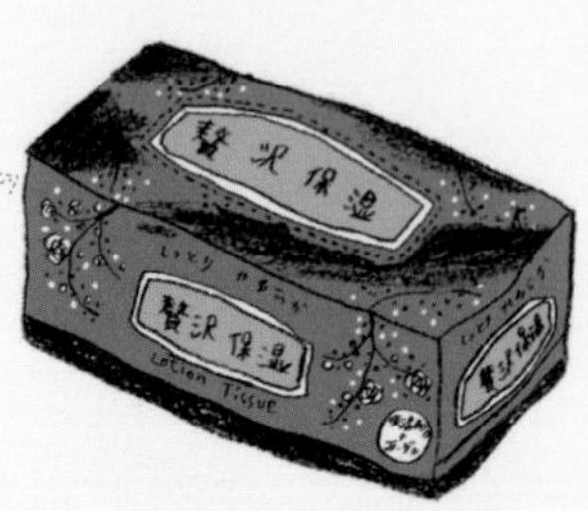

NO.
119
驅蟲工具・驅蟲手環

Mosquito repellent patches and rings

其他外國人會因為感受到季節變化而購買的，就是各種驅蟲商品。雖然我以為不管哪個國家都有驅蟲噴劑，但他們對幼童用的驅蟲貼紙（而且是kitty圖案的）或驅蟲手環等下了一番功夫的商品很有興趣，說要送給媽媽或同伴當伴手禮，於是就買了。但關於這個，也有人提出尖銳的指摘：「這種東西，不就跟昨天我們在神社買的護身符一樣，只是它是科學版本罷了。」原來如此，也是有這種看法啊……令我感嘆了一番。

接著，伴手禮候選還有保濕面紙、吸油面紙以及拋棄式濕毛巾。有客人在體驗過保濕面紙，並且愛上它的肌膚觸感後，就不買便利小包裝了，直接買兩大盒盒裝回去。（明明那麼佔空間的說……）

比較狂熱一點的是吸油面紙，日本人在容易出油的天氣中才會覺得需

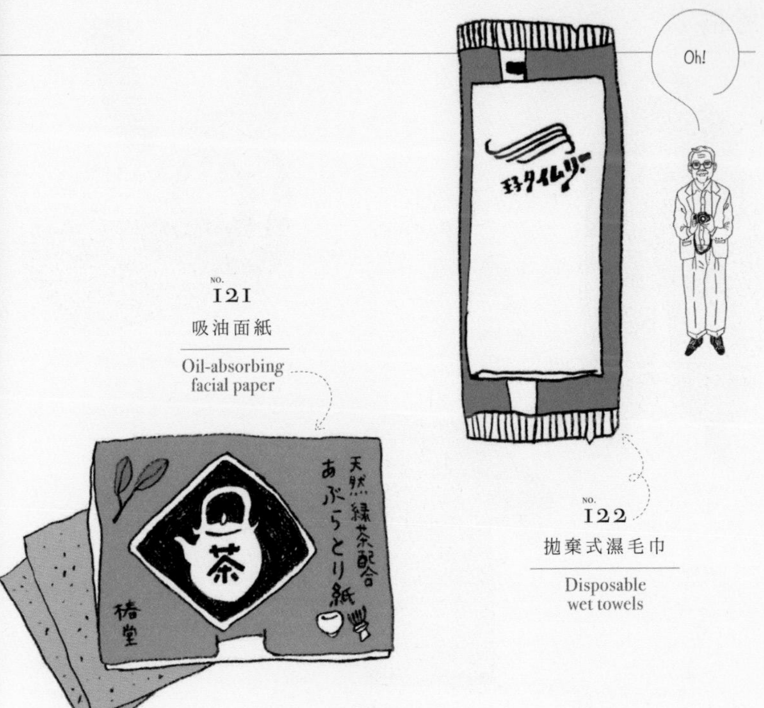

NO. 121
吸油面紙
Oil-absorbing facial paper

NO. 122
拋棄式濕毛巾
Disposable wet towels

要吸油面紙，不過外國人會因為包裝有和風花紋、或者寫著「加入綠茶成分」的文字，而買來作為伴手禮。

接著是拋棄式濕毛巾，我本以為是要買回去在家中開派對，或者野餐的時候使用，然而當我問：「你買這個做什麼？」原來是因為喜歡日本用濕毛巾的習慣，想回國後和家人們在吃飯時拿出來用。以防萬一，我叮嚀他這個要好好照顧，盡快使用，不然一不小心乾掉了就會變成普通的紙。

番外篇

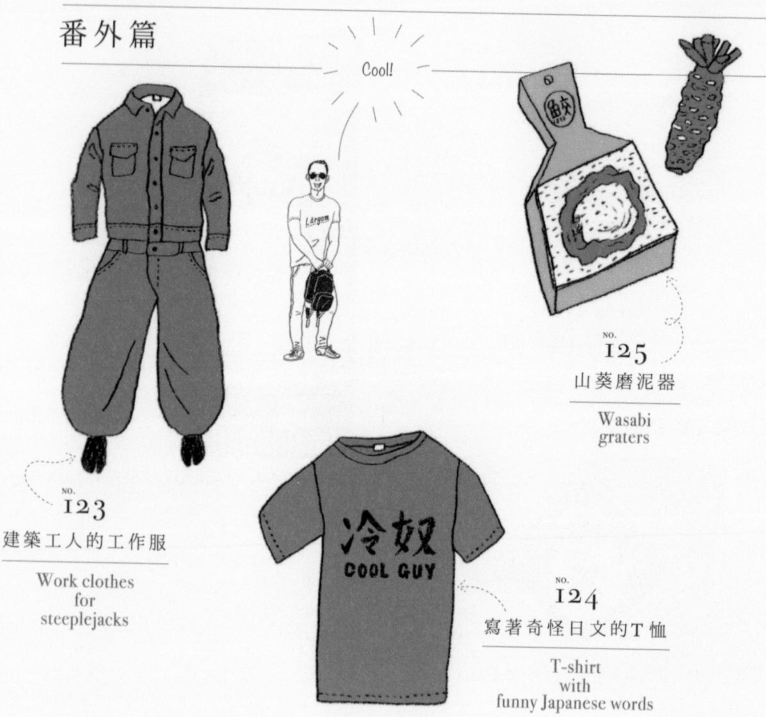

NO. 123
建築工人的工作服
Work clothes for steeplejacks

NO. 124
寫著奇怪日文的T 恤
T-shirt with funny Japanese words

NO. 125
山葵磨泥器
Wasabi graters

陪客人去買東西，偶爾會碰到「欸？你真的要買這個沒錯嗎？」這樣出人意表的東西，或者是「你到底要怎麼帶回家啊……」不禁讓人心中湧起這個疑問的伴手禮。本來我一開始只隱隱覺得他買來絕對不是為了本來的用途，而有其他使用目的，便開始觀察；成為通譯導遊之後，真覺得從中學習到很多。

首先，跟服裝有關的是「建築工人的工作服」。那個因褲腳內收而澎澎的長褲讓某個外國客人大喊：「好時髦！我要買！」但我真不知道他會搭配什麼上衣，真令人在意。另外就是「寫著奇怪日文的T恤」，前不久經常在國外見到朝日super dry啤酒的直譯文字「極度乾燥」出現在T 恤上；而最近在日本看到的T恤文字是「我的名字既不是吉田也不是田代」之類的宣言系列，或者在「寺」字加上疒部（因為會拉低本書品味，所以我故意不把字寫出來）等簡潔的一個漢字系列。

關於廚房用品，客人實際去店裡

看到就想買的有山葵磨泥器、桌上型陶爐（就是在日式旅館吃飯時常會出現的那個）、章魚燒烤盤（可以拿來一次做很多西班牙香蒜辣蝦之類的，在日本這個烤盤的使用方式也增加很多呢）等等。更有在溫泉饅頭上「滋——」地烙上圖案時使用的烙印模具。買了烙印模具的客人告訴我，他要把它使用在煎好的鬆餅上，雖然使用方法是對了，但因為他挑的是「壽」字，所以我想能用到的機會應該不多……算了，會挑「壽」字肯定是因為這個字的形狀看起來很帥氣而已吧。

到這裡為止的東西，要買回家都沒有什麼難處，基本上只要客人說想買我都不會加以阻止。但接下來介紹的東西，全都是客人似乎真的很喜歡，所以最後不顧一切地買下去，而我也沒辦法說什麼的伴手禮。

番外篇

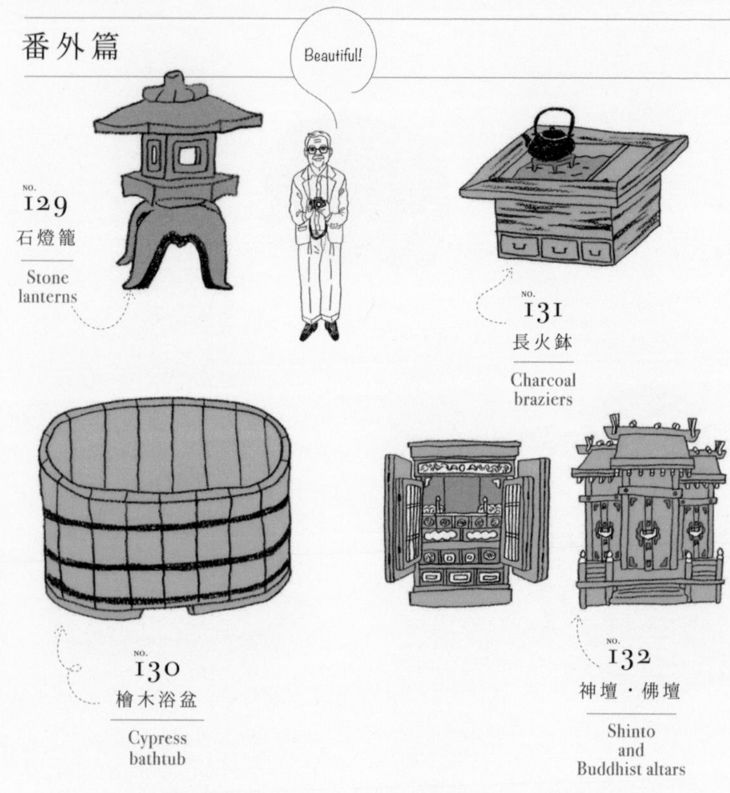

一如文字所示，都是「超重量級」的東西——石燈籠、檜木浴盆、長火鉢、神壇・佛壇。我記得，每個我都用「是誰・什麼時候・如何・為了什麼・怎麼帶回去？」這樣5W1H的問法追問過。其中石燈籠、檜木浴盆和長火鉢，客人跟我說他要擺在院子裡，總之就是為了營造泡溫泉時的氣氛，我某種程度上還能理解；但神壇・佛壇我就真的想不通了。問了對方，對方很簡潔地告訴我是買來做「室內裝潢」。的確，日本人也是拿來作為家中擺飾，某種程度上意思是對了，但客人則是提出佛壇「裡面可以掛畫，不會進灰塵所以很棒！」這種嶄新的說法。說得也對啦，因此我才察覺是我自己被刻板印象所束縛了。

其他在「為什麼是那個？」的類別中還有很多很多。比如家電類有免治馬桶座或者烘被機（如果床鋪濕氣太重，這的確很方便⋯⋯）。因為日本製品口碑好而出現的類別則有腳踏車座墊、釣竿以及擬餌。我很同意的確應該在日本買的是漢字

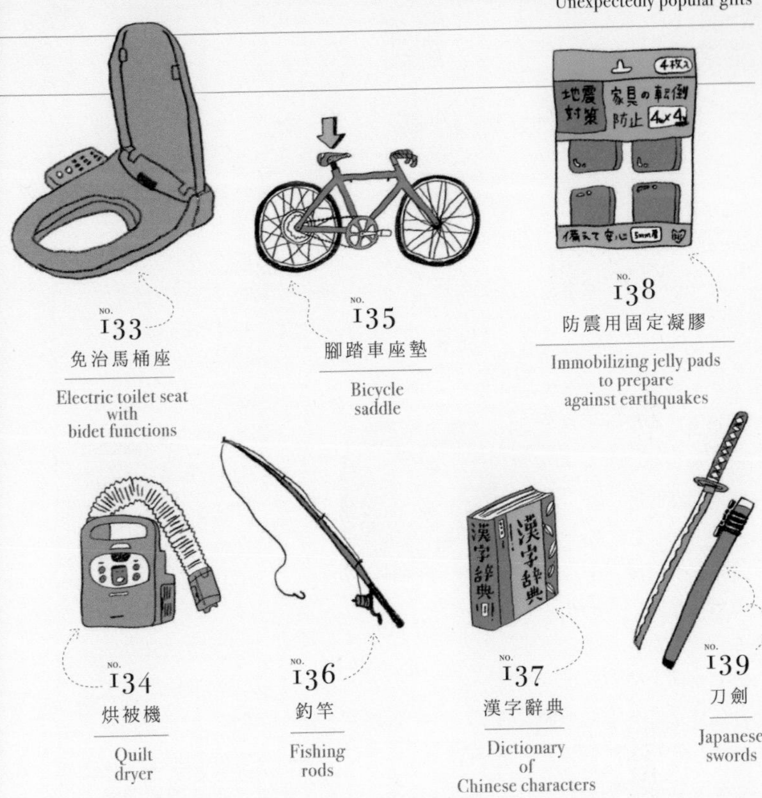

字典。然後最令人出乎意料之外的第一名，是防震用固定凝膠。感覺這應該只有在日本才用得到，實在不知道他打算怎麼用，便詢問了對方。答案是「要拿來惡作劇的」（貼在馬克杯底下之類的嗎？），這倒是一個好主意，讓我鬆一口氣而笑了出來。

最後，也是從各種意義上都最難理解的東西，那就是真正的刀劍。不是模型刀喔，是真的什麼東西都可以一刀兩斷的武士刀，某某流派中的某代某某名刀這樣的品項，價格上也讓人覺得你真的要在日本買嗎？把這帶出國更是非常辛苦的一件事。哎，有多少客戶，就會有多少的要求存在呢。

1

日本的超級包裝術

伴手禮的內容最重要，這是理所當然的事，不過日本的伴手禮就連外層都很重視。當我送客人某些禮物的時候，客人經常還沒打開包裝，就已經對禮物的包裝嘆為觀止。進入百貨公司工作後第一件要練習的事就是包裝，這是很有名的說法。但是在包裝上面下功夫的，可不只有百貨公司。有時是過去就有的，用風呂敷來包裹物品的技術；有時則以特製容器來強調「內容物的魅力」；有時候用設計有如千代紙般美麗的袋子，把箱子漂亮地裝起來。像和菓子之類古樸淡雅的甜點，用巾著（和式束口袋）包起來或者像包糖果一樣包起來，就突然變得可愛，並且增加它的華麗程度。因為吃完以後還能拿來放三明治，受到好評的竹籃（原本的內容物是最中[譯註]）也很棒。

然後，我自己認為的日本最佳包裝傑作，是以下兩樣：一是手掌大小的風呂敷包裝（內容物是裝著金平糖的枡），另一個則是藝術性地用摺紙技巧將茶葉罐包起來，這真是很難模仿的技術。那麼，收到禮物的客人反應呢？有一半會擔心打開來以後再也包不回去，因此躊躇半天……另一半的人呢，則一邊說「Wow！Beautiful！」一邊笑著猛力劈哩啪啦地撕開包裝，有這兩種完全相反的反應……這倒是特意為伴手禮加上複雜包裝來送人時，我認為最有趣的一點。

譯註：最中（もなか）是和菓子的一種，以薄酥的糯米外殼內填紅豆泥，有多種形狀。

3章

走吧！去尋找伴手禮！

Let's go OMIYAGE hunting

即使還沒決定要送禮物給誰，
尋找伴手禮也仍然令人開心。
據說在日本還有很多、很多的
「好東西」鮮為人知喔。

想要找日本古物的話

骨董市集

骨董商品只要一件，就帶有高級感，就跟我們樂於逛國外的跳蚤市場一樣，外國客人也超喜歡日本古物。骨董有各式各樣的種類，不過最受歡迎的還是和服、腰帶和陶器，以及販賣古早生活器具的店家。在這類店家中經常看到許多「外國鑑定團」蹲在地板上，在裝著舊豆皿的紙箱之中翻找。這麼令人歡樂的骨董市場，無論什麼時節都常有客人對我說：「無論如何我都想去！」但骨董市集可不是每天都會有的，所以對我而言是個很頭痛的要求……。

來日本的時候剛好碰上一年只舉辦數回的大規模骨董市集舉辦日，是運氣非常好的人。「世田谷舊貨市集」或「平和島全國古民具骨董祭」等，都很有名氣。如果這樣還是很難參加，可以找每個月都會開一次的骨董市集，就比較容易去得成。比如說，在東京國際論壇廣場舉辦的「大江戶骨董市場」，以及在新井藥師或護國寺、乃木神社等地方舉辦的市集。然而，若真的非常遺憾，來日本的時候沒有任何骨董市集開張，可以去逛逛以「骨董鎮」聞名的西荻窪。畢竟東西不可能集中在一個地方，這一邊散步一邊尋找骨董的行程，受到我許多客戶的好評。

前陣子，我剛去過平和島的骨董祭，在東京流通中心大樓一年召開五次的這個骨董市集，參展數目高達250間店。光是逛一圈就讓人覺得累，但因為在室內舉辦，因此不管天氣是炎熱還是寒冷都不用擔心，這是它的優點之一。我去的那天，從早上10點開場時入口就是黑壓壓的一片人潮，排隊的人群中我認為有許多人應該是從外國來的沒錯。

我跟在買東西時遇見的國外參展旅客們聊了一下……她們是從義大利來的兩個女生，當時正在研究舞妓們腳上穿的黑漆高木屐，似乎是想一人各分一隻擺在家裡做裝飾的樣子。她們問我，為什麼內裡有裝鈴鐺？「這是告訴大家『我來了～』的訊息。」「哎呀，這種鞋子對我這種會玩到全家都睡了才回家的人來說不太適用。」對方這麼

說。的確，真的不太適合呢。接著我遇到的外國人，是來自美國德州的一對夫婦。太太把目標擺在漆器上，先生則想要買武具，是第二次來了，預算據說「無上限」，只要喜歡，不管價格如何直接買下來。原來德州也有那種認為錢絕對不能放到隔天的人啊～

此外我也在會場看到很多組國外旅客，每一組若不是購買後的用途讓我覺得很意外，就是選購的商品讓人覺得「你為什麼會買這個呢？」這令我看東西的角度不再只專注於本身，而有了新的觀察角度、思考角度，這真是跟他們一起在骨董市場找東西的醍醐味。

也許，你也可以試著去找個絕對不知道對方會怎麼使用的東西，送給親近的朋友看看。

世田谷舊貨市集

每年1月15・16日、12月15・16日
9：00～20：00
東京都世田谷区世田谷1丁目
「ボロ市通り」的周圍
（世田谷線世田谷駅、上町駅）

平和島全國古民具骨董祭

3・5・6・9・12月各開辦3日
10：00～17：00
東京都大田区平和島6-1-1
平和島東京流通中心大樓

大江戶骨董市場

每月的第一個與第三個星期天
9:00～16:00（雨天中止）
東京都千代田区丸の内3-5-1
東京國際論壇1樓地面廣場

新井藥師骨董市場（antique fair）

每月第一個星期天
6：00～15：30（雨天中止）
東京都中野区新井5-3-5

護國寺骨董市場

每月第二個星期六
7:00～15:00（小雨仍開）
東京都文京区大塚5-40-1

乃木神社骨董跳蚤市場

每月第四個星期天（11月不舉辦）
9：00～16：00（小雨中止）
東京都港区赤坂8-11-27

將日本各地推薦產品一字排開

地方特產店

由於日本各縣市所規劃的「地方特產店」齊聚在東京都市中心展店，因此如果想宣傳自己家鄉的產品，或是想買些比較少見的東西送人，都可以到這些店家去找看看。

每家地方特產店從食物到工藝品各類商品都很齊全，但依照縣市不同，陳列上的充實程度各有小小的差異。我最關注的地方特產店是富山縣（位於日本橋）、福井縣（位於表參道）、三重縣（位於三越前）、島根縣（位於三越前）、岩手縣（位於東銀座）、鳥取・岡山縣（位於新橋）這幾間。選出它們的理由是：①日本的京都或金澤（石川縣）對國外客人來說，已經是認知度很高的「日本代表品牌」了，所以不列入。②從活用日本工藝技術來製造適合當伴手禮的商品這點來比較，這幾間店的品項比較豐富。（再加上這些店都有設置能吃到美味鄉土料理的餐廳，這就不能怪我偏心了。）

說到富山縣的「日本橋富山館」，不愧是手工藝之城・高岡所在地，販賣許多金屬鑄造器皿或是和紙製品。去買東西的時候，還能去它的日本酒酒吧喝一杯，真是令人高興。福井縣的特產店名為「福井南青山291」，靜靜地開在充滿高級名牌的表參道小巷弄裡，進店就能看到筷子、織品、蠟燭等縣內名產一一陳列其中。

而有伊勢神宮鎮座所在的三重縣特產店「三重天台」，其特產品受海、山兩邊的恩惠，以木工商品、珍珠商品及萬古燒等陶藝製品為主。2018年重新改裝開張的島根縣「日本橋島根館」，則有許多可以在日常生活中使用的陶藝製品。受到民藝運動（譯註）影響，實用而摩登的出西窯陶器等，就算擺在國外的餐桌上也不突兀，拿來當伴手禮應該會令對方高興。

有機會造訪銀座，請逛逛岩手縣的「岩手銀河Plaza」，這裡有鐵瓶（小型鑄鐵茶壺）和櫥櫃等重量級商品。如果你的預算充足，也不怕上飛機行李超重，那就一定要來。接下來可以前往鳥取・岡山縣的「鳥取・岡山新橋館」，事實上這裡是最受外國客人歡迎的備前燒，以及牛仔褲相關商品最多的地方，我非常推薦。如果送禮的對象喜歡做手工藝，可以買有許多顏色的榻榻米包邊布給對方，可以像捲緞帶一樣收納，至於要用在什麼地方，就看對方的手藝如何了。

我想應該會有人抱怨沒時間逛這麼多家店吧，這樣的話，請到「整個日本」這間店，因為淺草也有店鋪，可以在觀光的時候順便過去逛逛。有來自日本各地各式各樣的店家開在它的2樓，逛一圈下來，應該能找到不錯的東西才是。

地方特產店能買到稀有的東西，在這裡尋找伴手禮的確令人開心，但要小心別逛著逛著，伴手禮就買得比自家用的還要更多了。

譯註：1926（大正15）年由柳宗悅、河井寬次郎、浜田庄司等人所提倡的生活文化運動，反對當時工藝界以華美裝飾為主流，主張「用之美」，認為無名職人做出的日常生活用具是為「民藝」，並不劣於美術品。現代知名的產品設計師柳宗理即為柳宗悅的長子。

推薦這些地方！

日本橋富山館（とやま館）

東京都中央区日本橋室町1-2-6
日本橋大栄ビル1F
03-6262-2723
10:30～19:30 日本新年期間・大樓設施檢修時休息

福井（ふくい）**南青山291**

東京都港区南青山5-4-41 GLASSAREA青山内
03-5778-0291
11:00～19:00 無休（夏季・日本新年期間除外）

三重天台（テラス）

東京都中央区日本橋室町2-4-1
YUITO ANNEX 1・2F
03-5542-1033
10:00～20:00 無休（日本新年期間除外）

日本橋（にほんばし）**島根館**

東京都中央区日本橋室町1-5-3 福島ビル1F
03-5201-3310
10:30～19:00 無休（日本新年期間除外）

岩手銀河Plaza（いわて銀河プラザ）

東京都中央区銀座5-15-1 南海東京ビル1F
03-3524-8282
10:30～19:00（每月最後一天～17:00）
無休（日本新年期間除外）

鳥取・岡山（とっとり・おかやま）**新橋館**

東京都港区新橋1-11-7
新橋Center Place 1・2F
03-6280-6474（店面）
10:00～21:00（店面）無休（日本新年期間除外）

整個日本（まるごとにっぽん）

東京都台東区浅草2-6-7
03-3845-0510
10:00-20:00（1F・2F） 全年無休

想買受小孩歡迎的伴手禮

卡通角色商品專賣店

很多外國客人趁著暑假及聖誕節假期舉家來日本玩，因此尋找伴手禮時會以小孩為優先。此外，也有大人來日本玩，想買伴手禮給留在家裡看家的孩子，讓他們高興一下。若帶著小孩逛街，大部分的情況是小朋友們必定一進商店就朝著想要的商品勇往直前，興致高昂，但大人卻感到疲勞困頓。哎，不過不管在哪個國家大約都是這樣的。

但實際上若問到要去哪一家店買伴手禮，其目的大多是動畫或卡通角色的相關商品，我建議可以去「KIDDY LAND」看看。話說回來，小孩子們的「三大願望」，就是吉卜力、精靈寶可夢和Hello Kitty。也許你會覺得這三個作品不是已經有點久了嗎？但它們深耕的受歡迎程度可是很驚人的，除了讀賣巨人棒球隊之外，人氣永遠都不會下降的，大概只有動畫角色了吧。如果在「KIDDY LAND」沒有找到合適商品，還可以到東京車站八重洲北口地下一樓的「東京Character Street」逛逛，吉卜力的「橡子共和國」、Hello Kitty跟漫畫雜誌《JUMP》有關的商店、精靈寶可夢專門店等，這裡真的什麼都有。各店鋪規模雖小，但有販賣卡通角色的幕之內便當，又直通東京車站，沒有比這裡更方便的了。如果你沒有太多時間，我覺得逛這裡就夠了。

但如果你有時間，也更清楚知道要買什麼東西，那就推薦你去專門店了。如果想買精靈寶可夢商品，池袋太陽城alpa的2樓有「Pokémon Center Mega Tokyo」。這間店不只是因為它從濱松町遷移過來而加上「Mega」這個詞，它本身真的就像遊樂場一樣大，有充實的Pokémon GO相關商品。（開玩笑地說，因為隔壁的World Import Mart大樓3樓有《JUMP》的主題公園「J-WORLD TOKYO」，如果你的小孩喜歡《火影忍者》或是《海賊王》，盡量不要靠近那邊才能消災解厄……。）另外在日本橋高島屋東館8樓剛剛開幕的「Pokémon Center Tokyo DX」，還有開

設全國首間精靈寶可夢咖啡店，更能讓小朋友們流連忘返。如果對象是小女孩，就去「Sanrio World銀座」，這間店無論是日本限定商品還是各地商品都預備齊全，我覺得非常適合在這裡買伴手禮。

還有當小朋友長成青少年青少女之後，就會對時尚流行較感興趣，這樣的話首先可以先沿著竹下通逛一逛，然後在裏原宿一帶的店家選購一些洋裝或運動鞋帶回去。

當我開始做這份工作以後，就微妙地變得對十幾歲左右的名牌及動畫角色很了解，為了避免我不小心說得太多，還是就在這邊打住吧。

KIDDY LAND 原宿店

東京都渋谷区 神宮前6-1-9
03-3409-3431
週一～週五　11:00～21:00
（六・日・假日10:30開始營業）全年無休

東京Character Street（キャラクターストリート）

東京駅八重洲北口地下1F
(東京駅一番街地下1F)
03-3210-0077（代表號）
10:00～20:30　全年無休

Pokémon Center Mega Tokyo（ポケモンセンターメガトウキョー）

東京都豊島区東池袋3-1-2
Sunshine City Alpa（サンシャインシティ アルパ）2F
03-5927-9290
10:00～20:00　全年無休

Pokémon Center Tokyo DX & Pokémon Cafe（ポケモンセンタートウキョーDX & ポケモンカフェ）

東京都中央区日本橋2-11-2
日本橋高島屋S.C.東館5F
03-6262-6452
10:30～21:00（café店營業至22:00）全年無休

Sanrio World 銀座（サンリオワールドギンザ）

東京都中央区銀座4-1
西銀座1F・2F
03-3566-4060(1F)
03-3566-4040(2F)
11:00～21:00（週日・節日營業至20:00）
全年無休

沒時間的話就來這裡！

應急土產店

「我有想送伴手禮的對象，不過明天就要回國了，我一點頭緒也沒有，嗯……怎麼辦？」

或許你也會這樣。此時我想可以去逛逛大範圍收集各種類型的綜合伴手禮店家，也許會有靈感也說不定。因為你一定是「我很急！得快點出發去逛逛！」，所以以下介紹的這些，是在碰到買伴手禮的困擾時，各種類型的應急土產店。

東方市集（オリエンタルバザー）

如果想找外國客戶想像中的日本伴手禮，就到這裡來。從擺設、陶器等小東西，到比人還高的佛像，什麼都有。入口處附近放的刀劍形狀的傘默默地很受歡迎（也有短劍型的折傘）。

東京都渋谷区神宮前5-9-13
03-3400-3933
10:00～19:00
週四休息

富士鳥居

從擺在入口附近的浮世繪明信片這樣的便宜商品，到內部陳列的正統根付、伊萬里燒、九谷燒等收藏家會喜歡的挖寶商品，各式各樣供人挑選。真的不知道，也可以跟店家仔細地討論，實在令人感謝。

東京都渋谷区神宮前6-1-10
03-3400-2777
11：00～18：00
週二・每月的第三個週一休息

中川政七商店東京本店

這是一間以日本各地的工藝為基礎，加上現代設計而成的生活雜貨商店。廚房、浴室相關的商品十分齊全，如果要送禮的對象喜歡簡潔的風格，整體來說這家店的東西大部分都很合適。

東京都千代田区丸の内2-7-2 KITTE 4F
03-3217-2010
11:00～21:00
（週日・節日～20:00、節日前一天～21:00）
日本元旦日休（以KITTE營運為準）

日本百貨店御徒町（おかちまち）

秋葉原到御徒町高架橋下，有一條手工藝商店街「2k540 AKI-OKA ARTISAN」，這間綜合伴手禮店就開在這裡。商品設計性高，合併附近的店家一起逛，感覺可以在這裡找到適合的伴手禮送給品味好的人。

東京都台東区上野5-9-3 2k540
AKI-OKA ARTISAN A-1
03-6803-0373
11:00～20:00
週三休（節日營業）・日本新年期間休息

傳統工藝青山廣場（伝統工芸青山スクエア）

齊聚日本全國經濟產業大臣指定之傳統工藝品於一堂的展示間兼賣店，只有使用日本超過一百年以上的工藝技術製造的產品，才能放在這間店販售。不問類別，單一個種類的商品也非常豐富，比如說光是木芥子就有20種以上。

東京都港区赤坂8-1-22 1F
03-5785-1301
11:00～19:00
全年無休（日本新年期間除外）

走吧！
去尋找伴手禮！
之4

沒時間的話就來這裡！

應急土產店

だんどりおん

漆器、陶器、佛像、照明器具、家具、鎧甲、浮世繪等等，齊備各種骨董商品。想要贈送伴手禮給喜歡古老物品的人，建議先來這間店看看。

東京都台東区台東2-4-13
03-3837-1980
11:00～19:00（週三13:00～）
不定期休息

小津和紙

「只要是跟和紙有關，什麼都有賣」──這樣說也不為過的和紙綜合商店。就算只用「某地生產的某種紙」作為關鍵字來尋找也沒問題。手漉和紙的教室也頻繁開課，可以帶外國朋友一同前往體驗。

東京都中央区日本橋本町3-6-2
小津本館ビル
03-3662-1184
10:00～18:00
週日・日本新年期間休息

のレン（NOREN）

店內有許多針對女性設計的伴手禮。比如本書介紹的，用千代紙做成紙鶴再加工製成耳環，以及俄羅斯套枡等等。販售在傳統事物上多加一層巧思的商品，是此店的魅力所在。除了京都・祇園本店以外，淺草、關西機場、中部國際機場等觀光客很多的地方也有開設分店，跟送禮對象一起去逛也是一個很好的方法。

神楽坂店
東京都新宿区神楽坂1-12
03-5579-2975
10:00～21:00
全年無休

soi

開在KAPPABASHI COFFEE&BAR裡面，一間以陶器、玻璃製品為主的日本雜貨商店。陶器類有名家做的也有骨董品，可根據預算來挑選。你可以請外國朋友先坐在一邊喝咖啡，然後抓緊時間購買伴手禮，相當便利。

東京都台東区西浅草3-25-11
KAPPABASHI COFFEE&BAR 1F
03-6802-7732
11:00～18：00
週一休（節日營業、隔日休）

日本民藝館推薦工芸品売店

日本民藝館是介紹柳宗悅所帶領之民藝運動整體樣貌的美術館，它也開設一間美術館商店，透過民藝運動的軌跡，有日本各地窯廠燒製的陶器類、也有竹子或通草製成的籃子等等，可以見到許多帶有手工溫度的商品。

東京都目黒区駒場4-3-33
03-3467-4527
10:00～17:00
週一休（節日營業、隔日休）／有時伴隨日本新年期間・替換陳列等原因會臨時休館

d47 design travel store

d47 MUSEUM是以「縣」為切入點，以日本旅遊及手工藝為展覽焦點的博物館，本店為其併設的賣店。如果你想尋找散落在日本各地，簡單而有設計感的伴手禮，很適合來這裡。這間店網羅了許多木碗、木盆等木工產品，也有陶瓷器、茶道與生活道具商品。

東京都渋谷区渋谷2-21-1
渋谷ヒカリエ（Shibuya Hikarie）8F
03-6427-2301
11:00～20:00
休日以渋谷ヒカリエ為準

備後屋

從日本全國各地細細網羅了許多民俗藝術品，並以壓倒性的氣勢陳列出來。各個樓層以各種類別來劃分，與其說是店家，不如說已經接近博物館的等級了。可以買到現在已經很少人會做的珍貴物品。

東京都新宿区若松町10-6
03-3202-8778
10:00～19:00
週一休・每月第三個週二及隔日休
（5・8・11・12月除外）

AKOMEYA TOKYO銀座本店

這是跟日本食物有關的伴手禮天堂。銀座本店有兩層樓，一樓販賣日本的調味料、配飯小菜、點心等，範圍廣泛齊全。百貨公司地下樓層之外，如果想找高品質的食品，我推薦來這裡。試著拿一瓶醬油來看，就知道它選擇商品不問生產者規模大小，重視的是商品的品質。二樓有許多餐廚雜貨，知名名家做的碗盤，以及便宜但設計貼心的陶瓷器是主力商品。

東京都中央区銀座2-2-6
03-6758-0270
11:00～20：00
（週五・週六・假日前一天～21：00）
不定期休

2

訪問超喜歡日本的人們

My favorite OMIYAGE

作為導遊，無論如何客戶的迴響都是最能夠提供參考的，所以我經常傾聽有旅居日本經驗的外國客人說話。在此稍微介紹他們所提供的，收到覺得很開心的禮物、自己覺得有買真是太好的東西、下次來一定要買的商品等等。「到底我過去選來送給他們的東西是不是正確的呢……！？」這真是最令人在意的地方了。

Annika Bergman

瑞典

我的伴手禮清單非常長，長到我都不知道該從哪一個說起比較好（笑）。其中我覺得有買真是太好了的東西，就是Nikon的高階照相機，買了以後我就熱衷於拍照，拍了一大堆照片。然後是寫著漢字的裝飾用壁掛，還有絹製的和服外套（上面有用毛筆寫了「壽」字的卡紙和羽織）。我該怎麼搭配這個和服外套穿著，光想就覺得很開心。

收到最高興的禮物是梅酒，因為有人推薦所以我試著喝了一點，非常美味。回國後也請我的朋友們一起喝，相當受到好評。

沒買到覺得惋惜的是餐盤器皿和陶器類的商品，因為行李箱真的沒空間了，只好哭著放棄……。所以如果收到這個伴手禮的話我會很高興！

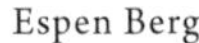

Espen Berg

挪威

對我而言，日本無論是文化、人、還是食物我都很喜歡，你問我收到什麼最開心，我還真有點想不出來。但如果真的要選一樣，應該是味噌吧，它真的是非常日本的食物呢。我也學會怎麼煮味噌湯了，如果有味噌，我就能在家裡重現那個味道，感覺好像能又再一次體驗在日本度過的時光了。

如果還有機會去日本的話，我希望能買好喝的日本酒跟威士忌！

Tilde Hjortshøj

丹麥

我去過日本很多次了，我喜歡日本的傳統工藝品，其中特別喜歡漆器跟木工製品、陶器。要從目前買回國的東西之中，選出第一名實在很難。但我印象最深刻的，是造訪輪島的時候買的塗漆圓盆，那簡潔的美麗，令人感受到日本工藝技術的神髓所在。

因為我已經在日本買過許多工藝品回國，下次去日本我想找茶或食物當成伴手禮帶回來。

Sami Häikiö

芬蘭

說到我喜歡的伴手禮，就是所有的日本食物。不知道為什麼，歐洲的日本食品就是有點不太對勁，很難吃到所以很珍貴。哪怕只是餅乾，只是沾了巧克力的洋芋片，都有日本獨特的味道，一口咬下去就會有很多的回憶湧上心頭。

如果下次還有機會再去日本的話……嗯，我想買含有日本獨特食材的食物，比如海藻，或者是特別的米，另外如果能買到歐洲買不到的茶之類的，那就太高興了。

Johanna Ora

芬蘭

我最喜歡的日本伴手禮，是餐廚用品。其中最喜歡的是廚刀，日本人做的東西都很重視細節，無論是哪一種，品質都很高又很令人安心。收到會覺得開心的東西，應該是漂亮的茶杯或杯子吧，但其實不管收到什麼我都會覺得很高興的（笑）。

Marko and Katja Salonen 夫婦

芬蘭

Marko（先生）

我喜歡的日本伴手禮有三項：第一個是浴衣，然後是喝酒用的玻璃杯跟廚刀。我把浴衣帶回芬蘭，泡完三溫暖之後就拿來穿，真的很方便啊！

Katja（太太）

我喜歡老舊的木芥子，家裡已經有三個了，去箱根的時候又看到可愛的，剛好女兒的生日快到了，就買來送給女兒當生日禮物。另外我也很喜歡日本的餐盤器皿，不管是看到木芥子還是餐盤餐具，都會令我想起購買的地方，還有在日本度過的那段時光。如果要幫我帶日本伴手禮來？嗯……綠茶，然後如果有生八橋（譯註）的話，我會很開心的，我不知道大家喜不喜歡，我是很喜歡啦。把生八橋帶去小孩的幼稚園，看其他小朋友吃起來的樣子，感覺也很美味呢（笑）。

譯註：以米粉、砂糖蒸製成皮，切成方形對折包入餡料的京都名點。

3

買來當伴手禮要小心的風險商品

在考慮要送什麼伴手禮的時候，「機會難得，當然要送日本的味道！」雖然這是理所當然的沒錯，但這邊會出現一個意想不到的陷阱。你覺得好吃的東西，勸對方「來吧來吧吃一個看看」，可對方卻沒有反應……也是會有這樣的情況。

會出現這種狀況的伴手禮之一，就是日式仙貝。回憶過去我的客人對仙貝的反應，都是淡漠居多。有個上了年紀的客人，原本也想試試味道，但用牙齒咬過後就放棄了。在他們的國家，鹹的零食就只有洋芋片，但仙貝實在是硬到讓人沒有食慾。就算有人喜歡，但是在帶回家的路上也很容易就碎裂了，細緻製作而成的米果並不是很適合作為伴手禮，因為到家一打開來，仙貝變成像麵包粉那樣細碎的狀態，是很有可能的。（萬一真的發生了，請告訴對方，炸東西的時候可以拿來當作裹粉使用。）

另一方面，日本甜點中具代表性的紅豆餡，喜歡的人與不喜歡的人非常兩極，所以要小心。有人光是看到「黑色」的食物，就已經想要退縮。我也經常聽到其他比如「過甜」的感想。抹茶體驗時也經常看到，用來配抹茶的日式饅頭或和菓子沒被吃完。

而完美兼具「黑色」以及「過甜」兩大特點的，就是羊羹了，因此更加深了送羊羹的難度。如果你什麼都沒有說明就直接送給對方，對方可能會打越洋電話來問你：「你送的那個又重又黑的條狀物到底是什麼啊？」

雖然讓對方嘗試日本的傳統點心是個很棒的主意，但若要送仙貝以及跟紅豆餡有關的東西，還是要事先了解對方的喜好比較妥當。

Episodes of

OMIYAGE

For Your Best Choice

＊店鋪情報，從上而下分別是店鋪名稱、地址、電話號碼、營業時間、定休日期。
＊本書記載的內容是2018年3月之情報，需要利用前請事先確認。

店鋪情報

Shop Information

NO. 001

NO. 101

chapter 1

1 章

最受歡迎的
伴手禮

NO. 001

底部看得到富士山的玻璃杯（田島硝子）

ル・ノーブル銀座店

東京都中央区銀座1-3-1
銀座富士屋ビル1F
03-6228-7617
11:00～19:00
無休（日本新年期間除外）

NO. 002

江戸切子玻璃杯

陶柿園

東京都新宿区神楽坂2-12
03-3260-6940
11:00～19:00
週日・週一・節日不定期休（如有營業則為13:00～17:00）

NO. 003

和紙茶筒

金吉園

東京都台東区谷中3-11-10
03-3823-0015
10:00～19:00
週三休

NO. 004

櫻花形狀的茶杯

金吉園

東京都台東区谷中3-11-10
03-3823-0015
10:00～19:00
週三休

NO. 005

急須茶壺

金吉園

東京都台東区谷中3-11-10
03-3823-0015
10:00～19:00
週三休

NO. 006

筷子

銀座夏野

東京都中央区銀座6-7-4
03-3569-0952
10:00～20:00（週日・節日～19:00）
全年無休

NO. 007

筷架

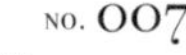

銀座夏野

東京都中央区銀座6-7-4
03-3569-0952
10:00～20:00（週日・節日～19:00）
全年無休

NO. 008

漆器碗

内保漆器店（うちほ）

東京都文京区湯島3-35-5
03-3831-3944
9:30～18:30
週日・節日休

NO. 009

筷套

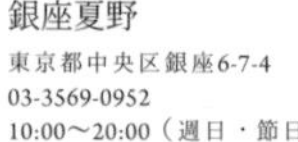

銀座夏野

東京都中央区銀座6-7-4
03-3569-0952
10:00～20:00（週日・節日～19:00）
全年無休

NO. 010

牙籤

日本橋さるや

東京都中央区日本橋室町1-12-5
03-5542-1905
10:00～18:00
週日・節日休

NO. 011

摺扇

京扇堂東京店

東京都中央区日本橋人形町2-4-3
03-3669-0046
10:00～19:00
週日・每月第二個週六・節日・日本新年休　＊6・7月不休息（營業時間會有變化）

NO. 012
團扇

松根屋
東京都台東区浅草橋2-1-10
03-3863-1301
9:00〜17:30
（週六〜13:00）
週日・節日休

NO. 013

和服腰帶

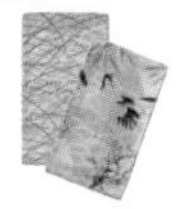

EDO-SAWAYA
東京都港区南麻布5-2-38
03-3444-2041
10:30〜19:00
週日休・不定期休

NO. 014
和服

福服浅草店
東京都台東区浅草1-33-3
タケイシビル3F
03-5826-1544
10:00〜19:00
不定期休

NO. 015
浴衣

すなが
東京都港区麻布十番2-1-8
03-3457-0323
11:00〜19:00
週二休

NO. 016
和紙或千代紙小物

いせ辰
東京都台東区谷中2-18-9
03-3823-1453
10:00〜18:00
全年無休

NO. 017
浮世繪複製畫・明信片

太田記念美術館
東京都渋谷区神宮前1-10-10
03-5777-8600
10:30〜17:30
週一休（節日開館，隔日休館）、換展期間・日本新年期間休

NO. 018
御守

請至各地神社購買

NO. 019
風呂敷（包袱巾）

いせ辰
東京都台東区谷中2-18-9
03-3823-1453
10:00〜18:00
全年無休

NO. 020
忍者服裝

オリエンタルバザー
東京都渋谷区神宮前5-9-13
03-3400-3933
10:00〜19:00
週四休

NO. 021
手巾

ふじ屋
東京都台東区浅草2-2-15
03-3841-2283
10:00〜18:00
週四休

NO. 022
風鈴

能作パレスホテル東京店
東京都千代田区丸の1-1-1
パレスホテル東京 B1F
03-6273-4720
10:00〜19:00
全年無休

NO. 023
印伝的小物

印傳屋 青山店
東京都港区南青山2-12-15
03-3479-3200
10:00〜18:00
無休（日本新年期間除外）

NO. 024
招財貓

谷中堂
東京都台東区谷中5-4-3
03-3822-2297
10:30〜17:30
無休（暑假・日本新年期間除外）

NO. 025
編繩手機吊飾（昇苑）

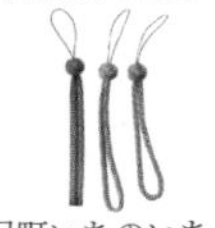

神保町いちのいち
東京都千代田区神田神保町1-1　三省堂書店内
03-3233-0285
10:00〜20:00
無休（日本元旦除外）

NO. 026
和服花色小物

えり菊南店
東京都中央区銀座5-9-14
03-3571-1855
10:30〜19:30
（週日・節日12:00〜）
全年無休

NO. 027
手工藝用布料

トマト
東京都荒川区東日暮里6-44-6
10:00〜18:00
週日・節日休

NO. 028
法被

浅草中屋本店
東京都台東区浅草2-2-12
03-3841-7877
10:00～18:30
全年無休

NO. 029
橡皮擦

シモジマ浅草橋本店
東京都台東区浅草橋1-30-10
03-3863-5501
9:00～18:30
（週日・節日10:00～17:30）
不定期休

NO. 030
劍玉

備後屋
東京都新宿区若松町10-6
03-3202-8778
10:00～19:00
週一・每月第三個週六及其隔日休（5・8・11・12月除外）

NO. 031
KitKat巧克力

在各類超市販賣

NO. 032
緑茶

金吉園
東京都台東区谷中3-11-10
03-3823-0015
10:00～19:00
週三休

NO. 033
焙茶

楽山
東京都新宿区神楽坂4-3
03-3260-3401
9:00～20:00
（週六9:30～20:00、週日・節日10:00～18:00）
全年無休

NO. 034
抹茶味和菓子
（抹茶どら焼き雅MIYABI）

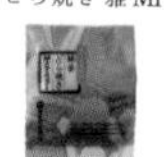

岡埜栄泉総本家
東京都台東区上野6-14-7
03-3834-3331
9:30～18:00
無休（日本元旦除外）

NO. 035
日本酒

はせがわ酒店
東京都港区麻布十番2-3-3
03-5439-9498
11:00～20:00
全年無休

NO. 036
柿種米果山葵口味

在各類超市販賣

chapter 2

2章

有創意的伴手禮

NO. 037
漆器葛籠・小箱

岩井つづら店
東京都中央区日本橋人形町2-10-1
03-3668-6058
9:00～18:00
週日・節日休（每月第二、三個週日營業）

NO. 038
木屋的指甲剪・吊飾型迷你剪刀

日本橋木屋本店
東京都中央区日本橋室町2-2-1 COREDO室町1・1F
03-3241-0110
10:00～20:00
無休（日本元旦除外）

NO. 039
抹茶初學者套組

一保堂丸の内店
東京都千代田区丸の内3-1-1国際ビル1F
03-6212-0202
11:00～19:00
日本新年期間休

NO. 040
南部鐵壺

いわて銀河プラザ
東京都中央区銀座5-15-1南海東京ビル1F
03-3524-8282
10:30～19:00
（每月最後一天～17:00）
無休（日本新年期間除外）

NO. 041
蕎麥醬汁碗（マルヒロ）

中川政七商店東京本店
東京都千代田区丸の内2-7-2 KITTE 4F
03-3217-2010
11:00～21:00
（週日・節日～20:00
節日前一天～21:00）
日本元旦休（以KITTE為準）

NO. 042
備前燒

伝統工芸
青山スクエア
東京都港区赤坂8-1-22 1F
03-5785-1301
11:00～19:00
無休（日本新年期間除外）

NO. 043

虎屋 豆皿

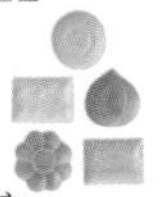

とらや 東京ミッドタウン店

東京都港区赤坂9-7-4 D-B117 東京ミッドタウン ガレリア地下1F
03-5413-3541
11:00～21:00
無休（日本元旦除外）

NO. 044

枡

のレン神楽坂店

東京都新宿区神楽坂1-12
03-5579-2975
10:00～21:00
全年無休

NO. 045

寫著魚類漢字的飯碗

かっぱ橋 まえ田

東京都台東区松が谷1-10-10
03-3845-2822
9:30～17:00
（節日10:30～）
週日休

NO. 046

便當盒

小見山商店

東京都中央区築地4-10-3
03-3542-6666
5:00～14:00
週三・週日・節日休

NO. 047

刻上名字的廚刀

かまた刃研社

東京都台東区松が谷2-12-6
03-3841-4205
10:00～18:00
不定期休

NO. 048

木製砧板

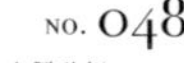

釜浅商店

東京都台東区松が谷2-24-1
03-3841-9355
10:00～17:30
無休（日本新年期間除外）

NO. 049

砥石
（兼定 包丁中砥石#1000）

東急ハンズ渋谷店

東京都渋谷区宇田川町12-18
03-5489-5111
10:00～21:00
不定期休

NO. 050

和菓子木製模具

神田 ちょん子

東京都千代田区神田須田町1-11-12-101
03-3255-3990
12:00～19:30
不定期休（主要休週日）

NO. 051

壽司模具

オクダ商店

東京都台東区松が谷3-17-11
03-3844-1606
9:00～17:00
週日・節日休

NO. 052

飯盆

オクダ商店

東京都台東区松が谷3-17-11
03-3844-1606
9:00～17:00
週日・節日休

NO. 053

五十音餅乾印章

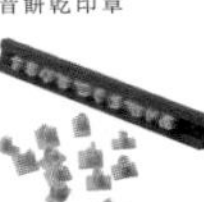

新井商店

東京都台東区西浅草1-5-17
03-3841-2809
9:00～17:30
週日・節日休

NO. 054

和式蠟燭（小大黒屋）

ふくい南青山291

東京都港区南青山5-4-41 グラッセリア青山内
03-5778-0291
11:00～19:00
無休（暑假・日本新年期間除外）

NO. 055

富士山磨泥器
（カネコ小兵製陶所）

日本百貨店 おかちまち

東京都台東区上野5-9-3 2k540 AKI-OKA ARTISAN A-1
03-6803-0373
11:00～20:00
週三休（節日營業）・日本新年期間休

NO. 056

木刀

請至水道橋的武道具店等購買

NO. 057

園藝用花剪

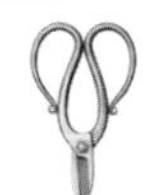

うぶけや

東京都中央区日本橋人形町3-9-2
03-3661-4851
9:00～18:00
（週六～17:00）
週日・節日休

NO. 058

竹蓆

請至大型居家量販店等購買

NO. 059
榻榻米涼鞋

濱松屋はきもの店
東京都荒川区西日暮里
3-15-5
03-3828-1301
10:00〜18:00（夏〜19:00）
週一休・不定期休

NO. 060
雪駄

濱松屋はきもの店
東京都荒川区西日暮里
3-15-5
03-3828-1301
10:00〜18:00（夏〜19:00）
週一休・不定期休

NO. 061
紙鶴飾品

のレン神楽坂店
東京都新宿区神楽坂1-12
03-5579-2975
10:00〜21:00
全年無休

NO. 062
和紙名片夾

日本橋とやま館
東京都中央区日本橋室町
1-2-6日本橋大栄ビル1F
03-6262-2723
10:30〜19:30（店舖）
日本新年期間・大樓設備檢修日休

NO. 063
和式裝訂筆記本

有便堂
東京都中央区日本橋室町
1-6-6
03-3241-6504
10:00〜18:00
週日・節日休

NO. 064
印章

しにものぐるい
東京都台東区谷中3-11-15
03-6874-2839
10:30〜18：00
週二休

NO. 065
日本畫的顏料

金開堂
東京都台東区谷中1-5-10
03-3821-5733
9:30〜18:30
週日・節日休

NO. 066
朱印帳

請至各地神社購買

NO. 067
墨筆

請至文具店購買

NO. 068
擦擦筆

請至文具店購買

NO. 069
十二生肖小物

和加奈
東京都台東区浅草1-2-11
03-3845-3831
11:00〜18:15
不定期休

NO. 070
木芥子

伝統工芸
青山スクエア
東京都港区赤坂8-1-22 1F
03-5785-1301
11:00〜19:00
無休（日本新年期間除外）

NO. 071
龍村美術織物的
包包掛勾

龍村美術織物関東店
東京都中央区京橋2-8-1八重洲中央ビル5F
03-3562-1212
9:30〜17:30
週六・週日・節日休

NO. 072
附豪華水引的禮金袋

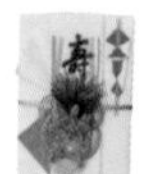

榛原
東京都中央区日本橋2-7-1
東京日本橋タワー
03-3272-3801
10:00〜18:30
（週六・週日〜17:30）
節日・盂蘭盆節・日本新年期間休

NO. 073
牛仔褲

とっとり·おかやま
新橋館
東京都港区新橋1-11-7
新橋センタープレイス1・2F
03-6280-6474（店舖）
10:00-21:00（店舖）
無休（日本新年期間除外）

NO. 074
今治毛巾（レジェンダ）
今治タオルブランド認定番号：
第2017-1094号

今治タオル南青山店
東京都港区南青山5-3-10
FROM-1st 2F 203号
03-6427-2941
11:00〜19:30
每月第2個週二休（2月第3個週日・8月第2個週日・日本新年期間休）

NO. 074

歌舞伎花樣的面具毛巾
（丸栄タオル）
今治タオルブランド認定番号：第2014-762号

今治浴巾銀座店
東京都中央区銀座4-13-8
ソフィア・スクエア銀座1F
03-6226-0006
11:00～19:00
無休（日本元旦除外）

NO. 075

足袋襪
（TABI・SQUARE）

奈良まほろば館
東京都中央区日本橋室町
1-6-2 日本橋室町162ビル
1F・2F
03-3516-3933
10:30～19:00
12/31～1/3休

NO. 076

和風化妝品
繭之玉
蒟蒻海綿

**まかないこすめ
神楽坂本店**
東京都新宿区神楽坂3-1
03-3235-7663
10:30～20:00（週日・節日
11:00～19:00）
不定期休

NO. 076

和風化妝品
胡粉指甲油（上羽絵惣）

**ミヤギ人形町店
MUCCO**
東京都中央区日本橋人形町
2-4-3
03-3662-6813
10：00～19：00（週六・週日・節日～18：30）

NO. 077

根付

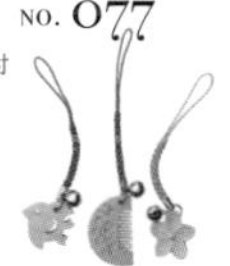

手ぬぐいのちどり屋
東京都中央区日本橋人形町
1-7-6
03-5284-8230
11:00～17:00
不定期休

NO. 078

Hello Kitty商品

サンリオワールドギンザ
東京都中央区銀座4-1
西銀座1F・2F
03-3566-4060（1F）
03-3566-4040（2F）
11:00～21:00
（週日・節日～20:00）

NO. 079

紅豆麵包手機吊飾

銀座木村家
東京都中央区銀座4-5-7
03-3561-0091
10:00～21:00
無休（12/31・日本元旦除外）

NO. 080

暖簾

べんがら
東京都台東区浅草1-35-6
03-3841-6613
10:00～18:00（週六・週日・節日～19:00）
第3個週四休

NO. 081

酒商的圍裙

福岡屋
東京都台東区西浅草2-22-7
03-3841-8555
9:00～18:00
（週日・節日10:00～17:00）
日本新年期間休

NO. 082

砂糖醃漬柚子皮

**宗家 源 吉兆庵
銀座本店**
東京都中央区銀座7-8-9
03-5537-5457
10:00～21:00
（週六・週日・節日～19:00）
全年無休

NO. 083

日本威士忌

在各類超市、酒商販賣

NO. 084

梅酒

箔座日本橋
東京都中央区日本橋室町
2-2-1 COREDO室町1・1F
03-3273-8941
10:00～20:00
1/1休・其他不定期休（以COREDO室町1為準）

NO. 085

日本紅酒

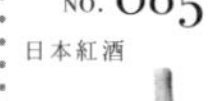

**伊勢丹新宿店B1F
洋酒コーナー**
東京都新宿区新宿3-14-1
03-3352-1111
10：30～20：00
全年無休

NO. 085

日本紅酒

**日本ワインショップ
遅桜**
東京都港区西麻布4-4-12
Sビル 1F
03-6427-5090
12：00～20：00
週一休

NO. 086

魟魚鰭乾

在各類超市販賣

NO. 087

海苔

山本海苔店
東京都中央区日本橋室町
1-6-3
03-3241-0290
9:30～18:00
無休（日本元旦除外）

NO. 088
冷凍乾燥味噌湯

アマノフリーズドライステーション 東京店
東京都千代田区丸の内2-7-2 KITTE B1F
03-6256-0911
10:00～21:00（週日・節日～20:00、節日前一天～21:00）
日本元旦休（以KITTE為準）

NO. 089
高湯包（薫る味だし）

にんべん日本橋本店
東京都中央区日本橋室町2-2-1 COREDO室町1・1F
03-3241-0968
10:00～20:00
（僅12/31～18:00）
以COREDO室町1為準

NO. 090
乾燥香菇

八木長本店
東京都中央区日本橋室町1-7-2
03-3241-1211
10:00～18:30
無休(1/1～1/2除外)

NO. 091
新鮮山葵軟管包裝

在各類超市販賣

NO. 092
柚子胡椒

在各類超市販賣

NO. 093
七味唐辛子

やげん堀
新仲見世本店
東京都台東区浅草1-28-3
10:00～18:00
（週六・週日・節日～19:00）
全年無休

NO. 094
生魚片醬油

在各類超市販賣

NO. 095
品牌米

おいしい山形プラザ
東京都中央区銀座1-5-10 ギンザファーストファイブビル1F・2F
03-5250-1752
10:00～20:00
日本新年期間休

NO. 096
烤雞罐頭

在各類超市販賣

097
咖哩塊

在各類超市販賣

NO. 098
芝麻沙拉醬

在各類超市販賣

NO. 099
蕎麥茶

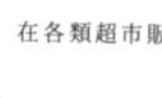

在各類超市販賣

NO. 100
男梅

在各類超市販賣

NO. 101
草莓牛奶糖

在各類超市販賣

結語

一般書籍的結尾，普通都會用「最後的最後請讓我感謝……」等謝詞來收尾，但我實在受到太多幫助了，所以我要寫在開頭。

本書以為我提供許多重新觀察的機會、辛苦忍耐配合我的淺井先生為首，Anonima Studio出版社以及參與本書製作的各位，首先請收下我衷心的感謝。

然後是有緣把這本書翻開來的你，謝謝你讀了這本書。請試著把「盼你收禮收到心坎裡」（譯註）這句話很快地說20遍看看。盼你收禮收到心坎裡、盼你收禮收到心坎裡、盼你收禮收到心坎裡、盼你收禮收到心坎裡……雖然有點困難，但會不會覺得越唸越像「伴手禮」了呢？當各位心中想到接下來要見面的那一位時，伴手禮的挑選就已經開始了。你心裡或許已經考慮了很多，但如果在你迷惘的時候，這本書能夠幫上一點忙，我就很開心了。

說到這裡，果然開頭的那些謝詞還不夠，在這裡我要再次感謝我遇見的所有外國客人、以及無論有形還是無形，總是送我許多伴手禮的家人、世界各國的伴手禮收藏家、小時候告訴我旅行樂趣在哪的爸爸，我在心裡真摯地感謝你們。

豊嶋　操

譯註：這裡的原文是「おもい（思い）をあげる」（OMOI WO AGERU，送心意給你），而伴手禮的日文是「おみやげ」（OMIYAGE），前者讀音略讀後會很像後者。

Misao Toyoshima 豊嶋 操

日本國家導遊（通訳案内士）、醫療翻譯、藥劑師。以北歐（芬蘭、瑞典、丹麥、挪威）的歐洲客戶為主，從事一般私人行程導遊、企業視察、音樂家日本巡迴表演時的隨行伴遊等工作。近年亦擔任地方政府所舉辦的區域限定「通訳案内士」研修課程講師，並參與國內外電視媒體介紹日本的節目製作。總是帶著人稱「百寶袋」（實際上放了20種左右的道具）的包包，以「隨傳隨到」為信條往來日本各地。順帶一提，包包裡放的東西有：日本國家導遊許可證、多國語言地圖、日圓5元硬幣（用來添寺廟香火錢）、毛巾、暖暖包（夏天的話是保冰袋）、防水OK繃、指示棒、計算機、筆記本等等。興趣是調查捷徑。

http://tokyocompass.blogspot.jp

攝影
栗林成城
Shigeki Kuribayashi

攝影協力
栗林英里
Eri Kuribayashi

插圖
徳丸ゆう
Yu Tokumaru

設計
中川寛博（ナカナカ グラフィック）
Nobuhiro Nakagawa (nakanaka graphic)

有方之美 002

日本國家導遊精選・必買伴手禮 139 種
——經典款╳工藝品╳爆紅款一次買齊，和日本人一樣只送最道地的伴手禮

作者 豊嶋操｜**譯者** 江卉星｜**社長** 余宜芳｜**總編輯** 陳盈華｜**企劃經理** 林貞嫺｜**封面設計** 陳文德｜**出版者** 有方文化有限公司／23445 新北市永和區永和路 1 段 156 號 11 樓之 2 **電話**—(02)2366-0845 **傳真**—(02)2366-1623｜**總經銷** 時報文化出版企業股份有限公司／33343 桃園市龜山區萬壽路 2 段 351 號 **電話**—(02)2306-6842｜**印製** 中原造像股份有限公司——初版一刷 2019 年 3 月 22 日｜**定價** 新台幣 320 元｜版權所有・翻印必究——Printed in Taiwan

日本國家導遊精選・必買伴手禮 139 種——經典款╳工藝品╳爆紅款一次買齊，和日本人一樣只送最道地的伴手禮／豊嶋操著；江卉星譯. -- 初版. -- 台北市：有方文化, 2019.3； 面；公分（有方之美；2）

譯自：ニッポンおみやげ 139 景
ISBN 978-986-96918-6-4（平裝）

1. 旅遊 2. 禮品 3. 購物指南 4. 日本

731.9 108001964